SOZIOLOGIE

FORUM
DER DEUTSCHEN GESELLSCHAFT FÜR SOZIOLOGIE

Heft 1 • 2024

Herausgeber im Auftrag von Konzil und Vorstand der Deutschen Gesellschaft für Soziologie:
Prof. Dr. Dirk Baecker (verantwortlich im Sinne des Presserechts)
Redaktion: Prof. Dr. Sylke Nissen und Dipl. Pol. Karin Lange, Universität Leipzig, Institut für
Soziologie, Beethovenstraße 15, D-04107 Leipzig, Tel.: 0341/97 35 648,
E-Mail: soz-red@sozio.uni-leipzig.de (Redaktion) oder dirk.baecker@zu.de (Dirk Baecker)

Vorsitzende der Deutschen Gesellschaft für Soziologie:
Prof. Dr. Paula-Irene Villa Braslavsky, Ludwig-Maximilians-Universität München,
Institut für Soziologie, Konradstraße 6, D-80801 München
E-Mail: paula.villa@lmu.de, Tel.: 089/2180 2441
Geschäftsstelle der Deutschen Gesellschaft für Soziologie:
Marcel Siepmann (Leitung), DGS c/o Kulturwissenschaftliches Institut Essen, Goethestraße 31,
D-45128 Essen, E-Mail: marcel.siepmann@kwi-nrw.de,
Tel.: 0201/1838 138, Fax: 0201/1838 232
Schatzmeisterin der Deutschen Gesellschaft für Soziologie:
PD Dr. Heike Delitz, Universität Regensburg, Fakultät Sprach-, Literatur- und
Kulturwissenschaften, Universitätsstraße 31, D-93053 Regensburg, E-Mail:
heike.delitz@ur.de

Aufnahmeanträge für die DGS-Mitgliedschaft und weitere Informationen unter www.soziologie.de

Die Zeitschrift SOZIOLOGIE erscheint viermal im Jahr zu Beginn eines Quartals.
Redaktionsschluss ist jeweils sechs Wochen vorher. Für Mitglieder der DGS ist der Bezug
der Zeitschrift im Mitgliedsbeitrag enthalten. Beiträge in der SOZIOLOGIE werden über
EBSCOhost Information Services sowie in den Bibliographien von De Gruyter: IBZ und
IBR erfasst.

Campus Verlag GmbH, Kurfürstenstraße 49, D-60486 Frankfurt am Main, www.campus.de
Geschäftsführung: Marianne Rübelmann
Programmleitung: Dr. Judith Wilke-Primavesi
Anzeigenbetreuung: Claudia Klinger, Julius Beltz GmbH & Co. KG, Postfach 100154,
D-69441 Weinheim, Tel.: 06201/6007-386, E-Mail: anzeigen@beltz.de
Fragen zum Abonnement und Einzelheftbestellungen: Beltz Medien-Service, Postfach 100565,
D-69445 Weinheim, Tel.: 06201/6007-330, E-Mail: medienservice@beltz.de

Bezugsmöglichkeiten für Nichtmitglieder der DGS:
Jahresabonnement privat 78 €, Studierende / Emeriti 35 €
Jahresabonnement Bibliotheken / Institutionen 118 € print / 177 € digital (nach FTE-Staffel)
Alle Preise zuzüglich Versandkosten. Alle Preise und Versandkosten unterliegen
der Preisbindung. Kündigungen des Abonnements müssen spätestens sechs Wochen vor
Ablauf des Bezugszeitraums schriftlich mit Nennung der Kundennummer erfolgen.

Inhalt

Editorial 5

Identität und Interdisziplinarität

Stefan Müller, Jürgen Ritsert
Dialektik jenseits von These, Antithese und Synthese 7

Forschen, Lehren, Lernen

Isabelle Bartram, Tino Plümecke, Peter Wehling
Soziogenomik: Ein neuer Versuch, die Soziologie zu biologisieren 20

Tobias Boll, Tobias Röhl, Daniela Schiek
Re-Orientierungen in der soziologischen Methodenausbildung 46

Richard Groß
Probabilistische Wirklichkeitsmodelle
und soziologische Intelligenz 60

DGS-Nachrichten

Aus dem DGS-Vorstand 76

Veränderungen in der Mitgliedschaft 79

Berichte aus den Sektionen

Sektion *Alter(n) und Gesellschaft* 82

Sektion *Wissenssoziologie* 84

Nachrichten aus der Soziologie

Michael Schmid
In memoriam Hans Albert 88

Diana Lengersdorf
In memoriam Rainer Schützeichel 95

Bernhard Schäfers
In memoriam Hans-Joachim Klein 96

Johann Behrens, Alf Trojan
In memoriam Heiko Waller 99

Dieter Bögenhold, Arndt Sorge
In memoriam Heinz Hartmann 102

Habilitationen 105

Call for Papers 106
Modell Deutschland – Lost in Transformation? • Guiding
Distinctions. Observed with Social Systems Theory

Tagungen 110
Schreiben – Forschen – Publizieren • Neues vom
Tode • Expertise in digitaler Transformation

Autorinnen und Autoren 117

Abstracts 119

Liebe Kolleginnen und Kollegen,

für eine Dialektik ohne Synthese werben Stefan Müller und Jürgen Ritsert in ihrer Erinnerung an das Dialektik-Verständnis Adornos in diesem Heft. These und Antithese lassen sich »rational« einander gegenüberstellen, doch anschließend ergibt sich keine Synthese, sondern bestenfalls eine »Vermittlung«, eine »Übersetzung« im Sinne von Latour der einen Seite in die andere, die die Negativität im Verhältnis der beiden Seiten jedoch nicht bereinigt, sondern, wenn man so will, für ein Modell gewinnt.

Daran kann man denken, wenn in diesem Heft erneut die Frage der soziologischen Produktion von Daten zum Thema wird. Der Beitrag von Isabelle Bartram, Tino Plümecke und Peter Wehling fragt nach der Interpretation genetischer Daten durch die Soziogenomik, der Beitrag von Tobias Boll, Tobias Röhl und Daniela Schiek nach dem unterschiedlichen Format quantitativer und qualitativer Daten und der Beitrag von Richard Groß nach den Daten, die von Sprachmodellen auf der Grundlage maschinellen Lernens verarbeitet und präsentiert werden.

Welche Daten wären geeignet, der Dialektik von Schock und Trauma auf die Spur zu kommen, die unsere Gesellschaft im Moment so sehr beschäftigt? Viel ist schon gewonnen, wenn der Unterschied überhaupt gemacht wird. Tom Segev hat in einer Nachrichtensendung im Fernsehen vom »Schock« gesprochen, unter dem Israel nach dem Überfall der Hamas-Terroristen auf Israelis am 7. Oktober 2023 zu leiden hat.[1] Er spricht noch nicht von einem Trauma. Denn zu einem Trauma, das wäre gegen die gegenwärtig inflationäre Verwendung dieses Wortes einzuwenden, gehört mehr. Ein kulturelles Trauma, seinerseits zu unterscheiden von einem individuellen Trauma, so schrieb vor Jahren eine Gruppe von Soziologen um Jeffrey C. Alexander, ist die Form der Verarbeitung eines Schocks vor dem Hintergrund unterschiedlicher Erfahrungen, Wahrnehmungen und Erwartungen in einer mehr oder minder konfliktreichen Situation.[2] Der Akzent

---

1 Siehe Tom Segev, »In einem Staat werden wir nicht leben«, interviewt von Christian Sievers, heute journal, 5. November 2023, Online: https://www.zdf.de/nachrichten/heute-journal/segev-israel-historisch-100.html (Video verfügbar bis 5. November 2024).

2 So Jeffrey C. Alexander, Ron Eyerman, Bernhard Giesen, Neil J. Smelser und Piotr Sztompka, Cultural Trauma and Collective Identity. Berkeley: University of California Press, 2004.

liegt auf »Verarbeitung« und damit auf der Frage nach Ressourcen, Partnern und Gelegenheit – beziehungsweise auf deren Fehlen. Ein Trauma ist eine Konstruktion, eine Leistung, eine neue Fatalität. Mithilfe eines Traumas, einer Art immunologischer Reaktion, wird der Schmerz paradoxerweise zugleich eingekapselt, kontinuiert und in zeitlicher Streckung und in einer eigentümlichen Kombination von Verschweigen und Besprechen bearbeitet. Häufig konkurrieren verschiedene Formen der Traumatisierung, solche der ideologischen Ausbeutung, der therapeutischen Bewältigung und vielleicht auch der angemessenen Erinnerung, oft nicht leicht zu unterscheiden.

Welche Daten kann die Soziologie der Gesellschaft zur Verfügung stellen, um die Dialektik von Schock und Trauma zu beschreiben und zu verstehen? Wie kann man den Schock festhalten und die unterschiedlichen Wege zeigen, die eine Traumatisierung nehmen kann? Wie kann man vom Ereignis sprechen und die Vermittlungs- und Übersetzungsleistungen sichtbar machen, die eine in jeder Hinsicht komplexe, streitende, sich historisch vielfach unverfügbare Gesellschaft, verwickelt in Emotionen widersprüchlichster Art aufruft, um Konflikte sowohl zu schärfen als auch zu zähmen?

Weder die Dialektik noch irgendeine Art von Datenproduktion erfüllen einen Selbstzweck. Noch die feinsten Unterschiede der Wissenschaftstheorie und Methodologie stehen vor der Frage, welchen Beitrag sie leisten, um eine Gesellschaft soziologisch, das heißt in Kenntnis der Funktionalität auch ungelöster, immer wieder neu zu adressierender Probleme, über sich aufzuklären.

Mit herzlichen Grüßen
Dirk Baecker

SOZIOLOGIE, 53. JG., HEFT 1, 2024, S. 7–19

Dialektik jenseits von These, Antithese und Synthese

Stefan Müller, Jürgen Ritsert

> »Dialektisches Denken ist doch das beste« –
> das ist ein Slogan, aber ist nicht die Wahrheit.«
> (Adorno 2010: 224)

Würde einer Menge von Personen die Frage gestellt: »Was ist Dialektik?«, würde vermutlich die häufigste Antwort lauten: »Das Schema von Thesis, Antithesis und Synthesis«. Doch dieser Dreitakter, der Hegel nachgesagt wird, verkörpert das Prinzip der Dialektik gerade *nicht*. Es ist in der Tat festzustellen, »dass das berühmte Schema der Triplizität, also die Unterscheidung von Thesis, Antithesis und Synthesis in der Hegelschen Philosophie nicht entfernt jene Rolle spielt, die das populäre Bewusstsein ihr zumisst« (Adorno 2010: 70).

Die Suche nach dem Prinzip der Dialektik kann bei unserem alltäglichen Denken und Handeln beginnen. Wir sind endliche Wesen. Wir können daher nicht all die unendlichen Merkmale und Beziehungen auch nur eines einzelnen Sachverhaltes aufgreifen. Wenn wir etwas *bestimmen,* also einem Sachverhalt Merkmale zuschreiben wollen, dann geht dies nur unter Einsatz einer sprachlichen Operation. Baruch Spinoza hat sie in einer berühmten Formel zusammengefasst: *Omnis determinatio est negatio,* das heißt: Jede Merkmalsbestimmung bedeutet zugleich eine Merkmalsausgrenzung. Dieser Satz ist jedoch logisch zwangsläufig durch seinen Gegensatz zu ergänzen: *Omnis negatio est determinatio.* Jede Merkmalsausgrenzung setzt Merkmalsfeststellungen voraus. Alle Sprachen operieren nach diesem (minimal-)dialektischen Muster.

Ein zweites Beispiel: Beim alltäglichen Handeln weiß *ich* (wenn auch beileibe nicht uneingeschränkt), dass *ich* und sonst niemand anderes es war, die oder der dieses getan und jenes unterlassen hat. Mit dem *Ich* grenze ich mich gegen alles und andere als diese(r) und kein(e) andere ab. Es handelt sich um das *principium individuationis,* das Prinzip der Individuierung, Einzelheit, Einzigartigkeit. Das Merkwürdige dabei ist, dass *alle* (Allgemeinheit) anderen in welchem Grad auch immer bewusst lebenden Menschen dieses Prinzip in Anspruch nehmen. Deswegen spricht Hegel von der dialektischen Konstellation des *Ich,* das *Wir* ist. Und damit sind wir bei einem Schlüsselthema der Soziologie, dem Verhältnis von Individuum und Gesellschaft und der alles andere als randständigen Frage, was wohl das Prinzip der Dialektik sei.

Die These dieses Artikels ist: Was *rationale* Dialektik heißen kann, lässt sich nur jenseits des klapprigen Dreitakters von These, Antithese und Synthese suchen und finden. Dazu tragen wir zunächst detailliert Hinweise aus dem Werk Theodor W. Adornos zusammen, die sein Konzept einer rationalen Dialektik kennzeichnen. Anschließend diskutieren wir die Differenzen im deduktiven und dialektischen Paradigma anhand der Bezugnahmen auf ›Widerspruch‹ und ›Vermittlung‹, die beispielhaft am Verhältnis von Individuum und Gesellschaft ausgeführt werden. All dem entnehmen wir am Ende die Struktur, die Adornos Prinzip der Dialektik prägt: eine strikte Antinomie.

Was ist Dialektik?

Darauf gibt es keine einfache Antwort, wohl aber einen tragfähigen Ausgangspunkt. Dessen Ursprünge liegen in der dritten Antinomie der *Kritik der reinen Vernunft* bei Immanuel Kant und sind in erweiterter Form insbesondere bei Georg Wilhelm Friedrich Hegel zu finden (Ritsert 2017: 37 ff.). Annahmen Hegels beeinflussen die Kritische Theorie Adornos auf eine besonders nachdrückliche Art und Weise. Es ist kein Zufall, dass er seine Theorie ausdrücklich auch als dialektische Theorie der Gesellschaft bezeichnet hat. Obwohl Adorno Definitionen, die das gemeinhin Verbindliche verkünden, meistens skeptisch gegenüberstand, hat er einmal so etwas wie eine Definition von Dialektik beziehungsweise dialektischer Vermittlung vorgeschlagen:

»Dies ist eine innere Vermittlung; sie besteht darin, dass die beiden einander entgegengesetzten Momente nicht etwa wechselseitig aufeinander verwiesen sind, sondern dass die Analyse eines jeden in sich selbst auf ein ihr Entgegengesetztes als ein Sinnesimplikat verweist. Das könnte man das *Prinzip der Dialektik* gegenüber einem bloß äußerlich, dualistisch oder disjunktiv, unterscheidenden Denken nennen« (Adorno 1974: 141 f.; Herv. d. V.).

Folgende Merkmale weist dieses vom Minimum seiner Bestandteile her bestimmte Prinzip der Dialektik auf:

1. Adorno arbeitet meistens nur mit zwei »Momenten« (zum Beispiel Mythos und Ratio, Mimesis und Ratio, Individuum und Gesellschaft, Kunst und Gesellschaft, Basis und Überbau und anderen mehr).
2. Zwischen den beiden Momenten besteht ein Gegensatzverhältnis, ein striktes Ausschlussverhältnis. A *oder* B – *tertium non datur.* Es gibt keine Schnittmenge, keine Grautöne zwischen Schwarz und Weiß.
3. Dennoch *impliziert* das eine Moment Wesensmerkmale des anderen (wenn nicht dieses selbst) gleichzeitig *in sich* (materiale Implikation). Das Entgegengesetzte offenbart sich in beiden Polen als ihr »Sinnesimplikat«.
4. Diese Art des Denkens wendet sich entschieden gegen all jene Fälle, in denen dualistische, strikt disjunktive, sich in formalen Gliederungen erschöpfende Ordnungsmuster des Diskurses einer theoretischen oder praktischen Problematik unangemessen sind. Es geht auch nicht nur um »äußerliche«, nicht ins Innere der Gegebenheiten führende Unterscheidungen. Deswegen ist für Adorno eine dialektische Soziologie zum Beispiel »der zum Bewusstsein erhobene Widerstand gegen alle Klischees« (Adorno 1973: 132).

Charakteristisch für eine dialektische Argumentationsfigur ist demnach zunächst ein Verhältnis der Gleichzeitigkeit von Einschluss und Ausschluss – und dieses verkörpert zugleich die Elementarstruktur einer sogenannten strikten Antinomie. Aussagen, die dieser Struktur entsprechend geordnet werden, widersprechen in keiner Weise dem Aristotelischen Gebot der Widerspruchsfreiheit. Es werden keine eckigen Räder durch die Gegend gerollt.

Adorno versus die dialektische Dreifaltigkeit

In der jüngeren Vergangenheit bewegte sich die Diskussion über Dialektik zwischen den Polen eines missverstandenen Universalschlüssels für das Weltverständnis und ihrer Disqualifikation als logischer Humbug – gemessen an der Methode des deduktiven Denkens *more geometrico* (Popper). Beide Verkürzungen beziehen sich dabei oftmals auf den klapprigen Dreitakter. Adorno ist derjenige, der in der jüngeren Vergangenheit vor allem im Anschluss an Hegel nicht nur eine konsequente Aussagenordnung nach dem »Prinzip der Dialektik« – so wie er es versteht – vorgenommen hat, sondern auch den Dreitakter ausdrücklich zurückweist. Er möchte gar »ein Warnungslicht aufstecken gegen einen Gebrauch von Dialektik, der sehr bedenklich ist, nämlich daß man, wenn man mit diesem Schema der Triplizität so herumwürfelt, dann in die Unwahrheit gerät« (Adorno 2010: 75).

Ohne Übertreibung wird man feststellen können, dass das These-Antithese-Synthese-Schema eine rationale Diskussion um das Paradigma der Dialektik nachhaltig verstellt und verhindert hat. Schon Friedrich Engels hat sich darüber mokiert, dass die Rose zugleich »rot und nicht-rot« sein soll. Er macht sich mit Recht über diesen Aussagentypus lustig. Für ihn ist es »eine kindische Beschäftigung [...] von einer Rose abwechselnd zu behaupten, sie sei eine Rose und sie sei keine Rose« (Engels 1975: 132).

Die Grenzen der dialektischen Trias sind leicht deutlich zu machen: Der Ball ist nicht eckig und rund zugleich. Das These-Antithese-Synthese-Modell geht in aller Kürze davon aus, dass eine These (A) mit Notwendigkeit ihre Gegenthese (Nicht-A) aus sich selbst hervorbringt und beide dann zusammen in einer Synthese (A und Nicht-A) aufgehoben werden. Getreu dem Schema soll die Antithese zur These hinzukommen, um dann in eine Synthese zu münden – in der die Rose letztlich dann rot sei und nicht-rot sei.

Für Adorno ist deshalb klar, dass er sich von solchen und vergleichbaren Aussagentypen abgrenzt, »nämlich daß derartige Sätze in abstracto wie etwa ›Die Wahrheit besteht in Thesis, Antithesis und Synthesis‹, sofern sie nicht ausgeführt sind, tatsächlich nichts Wahres sind« (Adorno 2010: 74).

Er nimmt eine logisch andere Anordnung seiner dialektischen Theorie in Anspruch. Es geht ihm dabei um die Herausforderung, wie die formallogischen Axiome, insbesondere der aristotelische Satz des Widerspruchs, von einer rationalen Dialektik respektiert und dennoch in einen anderen logischen Kontext als den der Deduktion geführt werden können.

Die Herausforderung sowohl für das Synthesen-Modell als auch für dialektische Argumentationsfiguren führt so zur Frage, welches Konzept von Widerspruch und Vermittlung in einer dialektischen Argumentation (nicht) in Anspruch genommen wird.

Sag: Wie hältst du es mit dem Widerspruch?

Das ist die Gretchenfrage an alle Dialektiker/-innen. Springen sie nicht chevaleresk mit Aristoteles' ›Satz vom ausgeschlossenen Widerspruch‹ um? Der aristotelische Satz des Widerspruchs besagt, dass etwas nicht zugleich sein und nicht sein kann. In einer besonders einprägsamen Formulierung lautet er:

»Daß nämlich dasselbe demselben in derselben Beziehung [...] unmöglich zugleich zukommen und nicht zukommen kann, das ist das sicherste unter allen Prinzipien; denn es passt darauf die angegebene Bestimmung, da es unmöglich ist, daß jemand annehme, dasselbe sei und sei nich.t« (Aristoteles: Met. 1005b)

Ohne hier in eine Diskussion der aristotelischen Logik einzusteigen (vgl. dazu Günther 1978), wird die unhintergehbare Bedeutung des Satzes vom Widerspruch deutlich. Nach der aristotelischen Logik ist die Rose rot *oder* nicht-rot, und wenn sie gelb, gescheckt oder kariert, quergestreift und gepunktet aussieht, berührt das die Gültigkeit des aristotelischen Satzes vom Widerspruch nicht. Dies sieht auch und gerade Adorno so: »Ich glaube, es ist sehr wichtig, daß Sie, wenn Sie [...] die Dialektik richtig verstehen wollen, sich darüber klar sein müssen, daß dialektisch denken nicht etwa heißt, unlogisch denken, nicht etwa heißt, die Gesetze der Logik zu vernachlässigen« (Adorno 2010: 62).

Er entwickelt seine Konzeption negativer Dialektik entlang einer Auseinandersetzung mit der spekulativen Dialektik Hegels und verweist darauf, dass auch dabei der Satz des Widerspruchs nicht einfach ignoriert wird, »dass Hegel nicht etwa, wie man es ihm billig immer vorgeworfen hat, die formale Logik über Bord geworfen hat und nun drauflosphilosophiert hat, als ob es einen Satz vom Widerspruch nicht gäbe« (ebd.: 99 f). Er setzt für seine dialektische Konzeption voraus, »dass diese traditionelle [aristotelische, d.V.] Logik nicht einfach von der dialektischen Logik außer Kraft gesetzt wird« (ebd.: 62). Ohne den Satz des Widerspruchs wären rationale Aussagen und Urteile auch für ihn nicht möglich. Adorno ist also auf der Suche nach einer rationalen Form dialektischer Argumentationsfiguren, die weder mit der Deduktion identisch ist, noch die Mängel des Schemas der Triplizität aufweist. Er findet diese in einem Konzept dialektischer Vermittlung, das nicht mit dem Vermittlungskonzept des *terminus medius* beim Syllogismus gleichzusetzen ist.

Die (mindestens) zwei Konzeptionen von Vermittlung

Ständig werden im Alltag und in den Wissenschaften vollständige oder unvollständige, korrekte oder falsche Schlüsse gezogen. Sie stellen Variationen (*modi*) der Argumentationsfigur der Deduktion dar. Diese setzt sich aus zwei Prämissen und der Schlussfolgerung zusammen. Formal schlüssig ist sie unter anderem nur, wenn die beiden Prämissen einen gemeinsamen Mittelterm (*terminus medius*) aufweisen. Er vermittelt die Extreme. Beispiel:

»Majorprämisse: Alle Menschen sind sterblich.
Minorprämisse: Cajus ist ein Mensch.
Conclusio: Also ist er sterblich.« (Hegel 1970: 358)

›Mensch‹ bedeutet den Mittelterm, ›sterblich‹ und ›Cajus‹ sind die ›Extreme‹, das heißt die außenstehenden Terme des Schlusses. Insofern vermittelt ›Mensch‹ die Extreme.

Aber Adornos dialektischer Vermittlungsbegriff ist ein gänzlich anderer! Ihm geht es bei seinem Prinzip der Dialektik um die »Vermittlung des Entgegengesetzten in sich« (Adorno 2021: 230), um eine Vermittlung ohne Mitte (*tertium non datur*). Das ist eine andere Argumentationsfigur, die im dialektischen Paradigma im Unterschied zur Deduktion angesiedelt ist.[1] Im Interesse an einer rationalen Dialektik verweist Adorno darauf, dass

»das Denken über andere Formen als die begrifflichen Formen tatsächlich nicht verfügt [und dass] wir, seit wir überhaupt im Besitz der klassifikatorischen und definitorischen Techniken sind, wie sie die formale Logik ausgebildet hat, aus diesen Formen nicht herausspringen können.« (Adorno 2010: 62)

Wenn dem so ist, so dürfte der Dreitakter im Grunde nicht mehr gezündet werden!

---

1 Die Kontroversen über das Verhältnis von Analytik und Dialektik sind seit Jahrtausenden im Gange. Eine Erscheinungsform davon ist der Positivismusstreit in der deutschen Nachkriegssoziologie (Ritsert 2010: 102 ff.).

Vermittlung und Widerspruch
in der dialektischen Theorie Adornos

Für Adornos rationale Dialektik ist eine Gleichzeitigkeit von Implikation und Gegensatz charakteristisch (vgl. ausführlich Ritsert 1997a, 2008, 2017; Müller 2011, 2023). Eine solche rationale Dialektik geht dabei weder in einem ›entweder-oder‹ noch in einem ›sowohl-als-auch‹ auf:

»Die besondere Schwierigkeit, die die Dialektik […] dem Denken bietet, ist nun die, daß sie selber auch nicht etwa nun auf das Gegenteil des Entweder-Oder verfällt, das heißt, daß die dialektische Theorie und der dialektische Gedanke nicht ein Sowohl-als-Auch ist« (Adorno 2010: 264).

Damit befindet er sich auf der Suche nach einer Argumentationsfigur, die nicht mit der Deduktion identisch ist und die es ihm erlaubt, jenseits dichotomer ›entweder-oder‹-Argumentation sowohl Gegensätze als auch Vermittlungsverhältnisse denken und diskutieren zu können. Dies gelingt ihm über das Festhalten an äußeren Gegensätzen bei gleichzeitiger innerer Vermittlung dieser Gegensätze in sich.

Ein entscheidender argumentativer Schritt dabei ist die Problematisierung von Synthese-Vorstellungen, in denen Unvereinbares zusammengezwungen wird. Die großen Gegensätze, an denen sich die Kritische Theorie entlang hangelt, Mythos und Aufklärung, Identität und Nicht-Identität, Individuum und Gesellschaft, Mimesis und Ratio, Theorie und Praxis, etc. werden nicht aufgelöst, sondern in einem strengen Sinne ausgehalten und in ihrer Eigenheit bestimmt.

Sein Verständnis von Vermittlungsverhältnissen ist für eine rationale Dialektik paradigmatisch. Ein einprägsamer Hinweis dazu lautet, dass »die dialektische Vermittlung nicht ein Mittleres zwischen den Gegensätzen ist« (Adorno 2010: 264 f.). Es geht mithin bei einer dialektischen Vermittlung um eine charakteristische Konstellation, die als ›Vermittlung der Gegensätze in sich‹ genauer beschrieben werden kann.

Die dialektische Vermittlung von Individuum und Gesellschaft

An einem Schlüsselthema der Soziologie, dem Verhältnis von Individuum und Gesellschaft, werden die Konturen solcher dialektischen Vermittlungsverhältnisse prägnant sichtbar:

»Das vereinzelte Individuum, das reine Subjekt der Selbsterhaltung verkörpert im absoluten Gegensatz zur Gesellschaft deren innerstes Prinzip. Woraus es sich zusammensetzt, was in ihm aufeinanderprallt, seine ›Eigenschaften‹, sind allemal zugleich Momente der gesellschaftlichen Totalität« (Adorno 1997: 55).

Zunächst geht er vom ›absoluten Gegensatz‹ zwischen Individuum und Gesellschaft aus, genau so, wie es der unmittelbaren Alltagserfahrung entspricht. Aber das Gegensatzpaar (Individuum und Gesellschaft) zeichnet sich dadurch aus, dass das eine Moment im gegensätzlich anderen Moment als ein Wesensmerkmal enthalten ist. Ohne gesellschaftliche Bestimmungen kein Individuum und ohne Individuum keine Gesellschaft. Darüber hinaus findet sich der äußere Gegensatz von Individuum und Gesellschaft nochmals im Inneren der beiden Gegensätze wieder. Bei der ›Zusammensetzung‹ des Individuums handelt es sich zugleich um ›Momente der gesellschaftlichen Totalität‹. Aber damit verschwindet der Gegensatz nicht, löst sich nicht auf. Und umgekehrt: Die Gesellschaft wird erst von den Individuen in Gang gehalten, produziert, reproduziert – die Individuen bringen die Gesellschaft hervor, so dass

»auf der anderen Seite Gesellschaft aber auch genauso wenig ein absoluter Begriff jenseits der Individuen ist. Er ist tatsächlich weder bloß die Summe oder die Agglomeration [...] zwischen den Individuen, noch ist er ein den Individuen gegenüber absolut Selbständiges, sondern er hat in sich selber immer gleichzeitig diese beiden Momente; er verwirklicht sich nur durch die Individuen hindurch, ist aber auf sie, eben als ihre Relation, nicht zu reduzieren und ist auf der anderen Seite auch nicht als ein an sich seiender reiner Oberbegriff zu fassen« (Adorno 2003: 68).

Die dialektische Vermittlung von Individuum und Gesellschaft besteht demnach darin, dass auf der Seite des Individuums stets der Gegensatz, die Gesellschaft, mitbedacht werden muss. Genauso auf der Seite der Gesellschaft: Hier verweist er nachdrücklich auf all die Vergegenständlichungen und Verdinglichungen gesellschaftlicher Verhältnisse, die durch den ›absoluten‹ Gegensatz, die Individuen, erst hervorgebracht wurden.

Bedeutsam für eine dialektische Vermittlung von Individuum und Gesellschaft ist dabei, dass es keine Schnittmenge, keine ausgleichende Mitte als eine Grauzone gibt, in der sich die beiden Momente überschneiden. Deswegen grenzt sich Adorno auch so vehement von Schnittmengenmodellen ab. Schnittmengenmodelle von ›Gesellschaft‹ und ›Individuum‹ gehen davon aus, dass es mindestens drei Bereiche gibt: Einen eigenständigen des Individuums, einen eigenständigen der Gesellschaft und einen dritten Bereich, in dem sich beide überschneiden, beide ›vermischt‹ werden.

Die ›Vermittlung der Gegensätze in sich‹ geht von einer anderen Anordnung aus: Das Individuum ist das allerindividuellste, damit stets eigenständig gegenüber dem eigenen Gegensatz, der Gesellschaft. Und ebenso wieder umgekehrt: Die Gesellschaft steht dem unmittelbaren Zugriff des Individuums auch stets fremd gegenüber, sie tritt dem Individuum mit einer Eigenständigkeit gegenüber, die individuelle Veränderungen nahezu unmöglich erscheinen lassen, mehr noch: Die Verdinglichungen und Vergegenständlichungen kennzeichnen eine Eigengesetzlichkeit, eine Eigenständigkeit, die dem Individuum schroff, fremd, in diesem Sinne gegensätzlich gegenübersteht.

Damit besteht die besondere Pointe in Adornos Prinzip der Dialektik, der ›inneren Vermittlung der Gegensätze in sich‹, nun darin, dass er die Eigenständigkeit der beiden entgegenstehenden Momente vollständig anerkennt und eine Unterbestimmung im gesamten Verhältnis darin ausmacht, wenn das jeweilig entgegenstehende Moment *im* anderen ausgeblendet wird.

Den Kritischen Theoretiker kann eine ungesellschaftliche Perspektive auf das Individuum und eine vom individuellen Zutun der Individuen abstrahierende Konzeption von Gesellschaft ganz und gar nicht überzeugen. Bei ihm bleibt der Gegensatz von Individuum und Gesellschaft bestehen, während das eine Moment im entgegenstehenden Moment enthalten ist, »weil nämlich hier der Begriff der Vermittlung der beiden einander entgegengesetzten Kategorien, der Individuen auf der einen Seite und auf der anderen der der Gesellschaft, in beiden drinsteckt« (Adorno 2003: 69 f.). Es wird klar, dass eine ›entweder-oder‹-Dichotomie und ein ›sowohl-als-auch‹-Modell zwar als einzelne Elemente innerhalb einer dialektischen Argumentationsfigur auftauchen, jedoch nur Teilmomente bilden. Eine ›sowohl-als-auch‹-Argumentation stellt Adorno auch deshalb nicht zufrieden, weil es allzu leicht in die Vorstellung münden kann, »an jeder Sache ist etwas Gutes dran und ist auch was Falsches dran« (Adorno 2010: 264).

Adornos Prinzip der Dialektik ist logisch streng organisiert: Die dialektische Vermittlung und der dialektische Widerspruch verweisen auf die Struktur einer strikten Antinomie.

Das Prinzip der Dialektik: Die strikte Antinomie

Was Adorno als das ›Prinzip der Dialektik‹ bezeichnet, entspricht haargenau der logischen Struktur einer strikten Antinomie. Diese lässt sich wiederum ohne jeden Verstoß gegen das aristotelische Gebot der Widerspruchsfreiheit von Aussagen darstellen. Die Elementarstruktur einer strikten Antinomie sieht so aus:

$$Th[ATh] \leftarrow g \rightarrow ATh[Th]^2$$

Legende:
Th   = These
ATh   = Antithese
[...]   = Implikation, inneres Vermittlungsverhältnis
$\leftarrow$ g $\rightarrow$ = Gegensatz

Damit ergibt sich im Hinblick auf das Verhältnis von Individuum und Gesellschaft: Beide Momente befinden sich im ›absoluten Gegensatz‹ (g) und dennoch enthält das eine Moment das andere oder Wesensmerkmale des gegensätzlich anderen in sich. Damit löst sich der Gegensatz nicht auf, schon gar nicht in einer Synthese, sondern erlaubt eine Betrachtung, in der der Gegensatz von Gesellschaft und Individuum als komplexe *Vermittlung der Gegensätze in sich* bestimmt wird. Adorno will also alles andere, als Individuum und Gesellschaft in einer »harmonisierenden Mitte« zusammen zu denken. Als gesellschaftskritischer Theoretiker will er bei all dem zugleich den autonomieförderlichen und den -einschränkenden Momenten nachgehen – und vor allem ihrer inneren Vermittlung.

---

2 Diese strikt antinomische Struktur kann Kants Freiheitsantinomie entnommen werden (vgl. dazu Ritsert 2017: 39 ff.).

Das Prinzip der Dialektik bei Adorno

Wir haben zwei zentrale Bausteine der Dialektik Adornos diskutiert: Widerspruch und Vermittlung (Ritsert 2013; Müller 2013, 2020). Sichtbar wurde, dass beide das These-Antithese-Synthese-Schema überschreiten und es in entscheidenden Hinsichten auch so problematisieren, dass die unzulässigen Verkürzungen in Synthese-Modellen sichtbar werden. Die einzelnen Schritte sollen hier nochmal detailliert zusammengefasst werden. Dabei ist zu berücksichtigen, dass Adorno die folgenden Elemente nicht als additive Stufenfolge versteht. Lediglich zum Zwecke der Nachvollziehbarkeit und Verständlichkeit werden die einzelnen Momente, die sein dialektisches Denken in Konstellationen charakterisieren, hier aufgeteilt; wohlwissend, dass sie nur in der Zusammenschau das bilden, was als dialektische Argumentationsfigur charakterisiert werden kann.

1. Adorno nimmt ein Konzept von Widerspruch in Anspruch, in dem sich (mindestens) zwei Momente gegenüberstehen.
2. Dieses Gegensatzverhältnis wird daraufhin befragt, welche strukturellen Ursachen und sozialen Effekte damit verbunden sind.
3. Die repressiven, autonomieeinschränkenden Momente in diesen Gegensatzverhältnissen werden problematisiert, kritisiert. Das Autonomieprinzip bildet den Maßstab seiner kritischen Theorie der Gesellschaft.
4. Gleichwohl können rationale Gegensatzverhältnisse produktive Effekte hervorrufen – gemessen an der Hervorbringung, Förderung und Unterstützung der Autonomie des Subjekts unter gesellschaftlichen Bedingungen, heute unter denen des Kapitalismus. Adorno denkt und diskutiert die *Produktivität* von Gegensätzlichkeiten maßgeblich im Blick darauf, wie damit die individuelle und gesellschaftliche Freiheit gestützt und erweitert und nicht beschädigt werden kann.
5. Die entscheidende Argumentationsfigur bleibt bei ihm die ›Vermittlung des Entgegengesetzten in sich‹: »Und nichts anderes als diese Vermittlung des Entgegengesetzten in sich, also die Vermittlung des Entgegengesetzten derart, daß das Entgegengesetzte in sich selbst das enthält, dem es entgegengesetzt ist, nichts anderes heißt eigentlich Dialektik« (Adorno 2021: 230).
6. Auch beim dialektischen Denken kann es sich erweisen, dass Widersprüchliches, vielleicht Inkonsistenzen oder sogar Unsinn enthalten ist.

7. Aus systematischen Gründen löst Adorno den Zwang zur Synthese in seinem Konzept negativer Dialektik auf: »Aber es ist klar, daß, wenn man die grundsätzliche Identitätskonzeption, wie sie bei Hegel ja [...] herrscht, aufgibt, und wenn man an ihrer Stelle den Begriff einer offenen, einer durchbrochenen Dialektik hat, daß dann diese Forderung [= Identität, Synthese, d.V.] entfällt« (Adorno 2010: 140).

8. Vor diesem Hintergrund entwickelt er sein Konzept negativer Dialektik. ›Negativität‹ hat mehrere Bedeutungen für die Kritische Theorie, von denen hier zwei besonders relevant sind: a) Negativität und negative Dialektik bedeuten, die Beschädigungen der Autonomie der Individuen zu problematisieren. b) Zudem zielt negative Dialektik auf die Kritik hermetisch abgeschlossener Konzeptionen des verdinglichten Denkens in der verwalteten Welt.[3] Adorno denkt dabei an eine offene Dialektik: »[W]ir haben nicht die Dialektik so vollständig, dass in ihr in der Tat so etwas wie die Einheit oder Versöhnung ihrer Momente erreicht wäre, sie ist offen, sie ist gewissermaßen eine Fragefigur« (Adorno 1957/1958: 282).

Was immer auch jemand von Dialektik als eine *nicht* mit der Deduktion einfach gleichzusetzenden Argumentationsfigur und ihrer Elementargestalt der strikten Antinomie halten mag, von der Trinität ›These, Antithese, Synthese‹ hält Adorno jedenfalls wenig bis gar nichts. Es führt nicht weiter in Sachen der Dialektik, den rußenden Dreitakter starten zu wollen.

In Zeiten der aggressiven Schwarz-Weiß-Malerei, der heilsgewissen und apodiktischen Eigenschaftszuschreibungen für Outgroups, der argumentativen Auseinandersetzung als Online-Schlägerei etc. erscheint uns ein Denkstil, der rationale Gegensätze zum eigenen Denken auszuhalten und kritisch, auch selbstkritisch abzuwägen versteht, ohne dass dabei der Kern der Gegensätze eingeebnet wird, als außerordentlich geboten.

Literatur

Adorno, Theodor W. 1957/1958: Vorlesung zur Einleitung in die Erkenntnistheorie (nicht-autorisierter Abdruck der Vorlesung von 1957/1958). Frankfurt am Main.
Adorno, Theodor W. 1973: Philosophische Terminologie. Zur Einleitung [1962]. Band 1. Frankfurt am Main: Suhrkamp.

---

3 Vgl. ausführlich zu den Bedeutungsdimensionen von ›Negativität‹ in der Kritischen Theorie Adornos Ritsert (1997b).

Adorno, Theodor W. 1974: Philosophische Terminologie. Zur Einleitung [1962]. Band 2. Frankfurt am Main: Suhrkamp.

Adorno, Theodor W. 1997: Zum Verhältnis von Soziologie und Psychologie [1955], Soziologische Schriften I. Gesammelte Schriften 8. Frankfurt am Main: Suhrkamp, 42–85.

Adorno, Theodor W. 2003 [1968]: Einleitung in die Soziologie. Frankfurt am Main: Suhrkamp.

Adorno, Theodor W. 2010: Einführung in die Dialektik [1958]. Nachgelassene Schriften. Berlin: Suhrkamp.

Adorno, Theodor W. 2021: Fragen der Dialektik [1963/1964]. Nachgelassene Schriften. Berlin: Suhrkamp.

Aristoteles: Metaphysik. Schriften zur Ersten Philosophie. Stuttgart: Reclam.

Engels, Friedrich 1975 [1878]: Herrn Eugen Dührings Umwälzung der Wissenschaft (Anti-Dühring). Marx-Engels-Werke Band 20. Berlin: Dietz Verlag, 5–303.

Günther, Gotthard 1978: Idee und Grundriß einer nicht-Aristotelischen Logik. Die Idee und ihre philosophischen Voraussetzungen. Hamburg: Meiner.

Hegel, Georg W. F. 1970 [1813]: Wissenschaft der Logik II. Werke 6. Frankfurt am Main: Suhrkamp.

Müller, Stefan 2011: Logik, Widerspruch und Vermittlung. Aspekte der Dialektik in den Sozialwissenschaften. Wiesbaden: VS Verlag für Sozialwissenschaften.

Müller, Stefan 2013: Halbierte oder negative Dialektik? Vermittlung als Schlüsselkategorie. In Stefan Müller (Hg.), Jenseits der Dichotomie. Elemente einer sozialwissenschaftlichen Theorie des Widerspruchs. Wiesbaden: Springer VS, 181–202.

Müller, Stefan 2020: Beyond a Binary Approach. Contradictions and Strict Antinomies. In Julia Lossau / Ingo H. Warnke / Daniel Schmidt-Brücken (eds.), Spaces of Dissension: Towards a new Perspective on Contradiction. Wiesbaden: Springer VS, 151–168.

Müller, Stefan 2023: Die Wiederentdeckung der Dialektik in der politischen Bildung. Zeitschrift für Didaktik der Gesellschaftswissenschaften, 14. Jg., Heft 1, 58–75.

Ritsert, Jürgen 1997a: Kleines Lehrbuch der Dialektik. Darmstadt: Primus-Verlag.

Ritsert, Jürgen 1997b: Das Nichtidentische bei Adorno. Substanz- oder Problembegriff? Zeitschrift für Kritische Theorie, 3. Jg., Heft 4, 29–51.

Ritsert, Jürgen 2008: Dialektische Argumentationsfiguren in Philosophie und Soziologie. Hegels Logik und die Sozialwissenschaften. Münster: Monsenstein und Vannerdat.

Ritsert, Jürgen 2010: Der Positivismusstreit. In Georg Kneer / Stephan Moebius: Soziologische Kontroversen. Beiträge zu einer anderen Geschichte der Wissenschaft vom Sozialen. Berlin: Suhrkamp, 102–130.

Ritsert, Jürgen 2013: Antinomie, Widerspruch und Begriff. Aspekte der Hegelschen Spekulation. In Stefan Müller (Hg.), Jenseits der Dichotomie. Elemente einer sozialwissenschaftlichen Theorie des Widerspruchs. Wiesbaden: Springer VS, 39–69.

Ritsert, Jürgen 2017: Summa Dialectica. Ein Lehrbuch zur Dialektik. Weinheim: Beltz Juventa.

SOZIOLOGIE, 53. JG., HEFT 1, 2024, S. 20–45

Soziogenomik: Ein neuer Versuch, die Soziologie zu biologisieren

Isabelle Bartram, Tino Plümecke, Peter Wehling

1. Einleitung

Bestrebungen, soziale Phänomene wie Bildungsungleichheiten, gruppenbezogene Intelligenzunterschiede oder reproduktives Verhalten durch den Rückgriff auf biologische, insbesondere genetische Faktoren zu erklären, sind bekanntlich nicht neu. In mehr oder weniger regelmäßigen Abständen, und zumeist gestützt auf neue technowissenschaftliche Möglichkeiten und Verfahren, finden sich immer wieder Versuche, Soziales als biologisch oder genetisch bedingt zu begreifen. Die entsprechenden Erklärungsansätze – von der Rasseforschung über Eugenik, Soziobiologie und evolutionäre Psychologie bis zur Verhaltensgenetik – erwiesen sich allerdings als fragwürdig und letztlich unhaltbar, weshalb sie in den Sozialwissenschaften bisher nicht Fuß fassen konnten.

In den letzten Jahren hat sich jedoch ein neues Modell zur Erklärung sozialer Unterschiede und Ungleichheiten durch genetische Faktoren etabliert, das in Teilen der Sozialwissenschaften und auch der Soziologie auf größere Resonanz zu stoßen scheint. Es firmiert unter Bezeichnungen wie »Sozial- und Verhaltensgenomik« (*social and behavioral genomics*), »Sozialwissenschafts-Genomik« (*social science genomics*) oder »Soziogenomik« (*sociogenomics, social genomics*) (Meyer et al. 2023; Mills, Tropf 2020; Freese 2018). Die Soziogenomik, wie wir sie im Folgenden nennen, erhebt den Anspruch, sowohl die Schwächen aller früheren Versuche einer Verbindung von Sozialwissenschaft und Biologie beziehungsweise Genetik zu überwinden, als auch deren fatale politische Implikationen (wie genetischen Determinismus, Sozialdarwinismus, Eugenik oder Rassismus) zu vermeiden.

Möglich geworden ist das neue Modell zuallererst durch technische Entwicklungen, besonders durch die in den letzten Jahren drastische Kostensenkung bei Genomsequenzierungen sowie durch enorm gestiegene Rechenkapazitäten bei der Auswertung großer Mengen genetischer und genomischer Daten (Mills, Tropf 2020: 554). Entsprechend datenintensiv sind die zentralen analytisch-methodischen Instrumente der Soziogenomik, nämlich »genomweite Assoziationsstudien« (GWAS) und »polygene Risiko-Scores« beziehungsweise »polygenic scores« (PGS) – beide Begriffe erläutern wir unten noch genauer. Mit Hilfe dieser Analyseverfahren könne, so zwei prominente Vertreter*innen der neuen Forschungsrichtung, die Einbeziehung genetischer Daten in die Sozialwissenschaften jetzt – und erst jetzt – »deliver richer, more precise answers to old questions in psychology, sociology, economics and related fields« (Harden, Koellinger 2020: 567). Gleichzeitig sind die Soziogenomiker*innen intensiv darum bemüht, sich politisch von allen früheren, heute diskreditierten Ansätzen zur biologischen Vererbung sozialer Verhaltensweisen und Eigenschaften abzugrenzen. Ihr Ziel sei gerade nicht, bestimmte Menschen und Gruppen wegen ihrer vermeintlich schlechten genetischen Dispositionen zu stigmatisieren und zu diskriminieren, sondern ganz im Gegenteil, den in der »Gen-Lotterie« (Harden 2023) Benachteiligten Unterstützung und Gerechtigkeit widerfahren zu lassen.

Im angloamerikanischen Sprachraum und insbesondere in den USA wird das Aufkommen der Soziogenomik seit einigen Jahren von einer recht intensiven Debatte begleitet, in der innerhalb wie außerhalb der Sozialwissenschaften über die Möglichkeiten und Grenzen, Vorteile und Gefahren dieser Forschungsperspektive verhandelt wird (vgl. u.a. Bliss 2018; Freese 2018; Meyer et al. 2023). In der Bundesrepublik Deutschland dagegen ist eine Auseinandersetzung mit diesem neuerlichen Versuch, Genetik und Genomik in die Sozialwissenschaften einzuführen, bisher kaum erkennbar, auch nicht innerhalb der Soziologie. Dies mag überraschen, wurde doch vor einigen Jahren in das Sozio-oekonomische Panel (SOEP), eines der bekanntesten und wichtigsten sozialwissenschaftlichen Datenerhebungsverfahren in Deutschland, im Rahmen des sogenannten SOEP-Innovation Sample die Erfassung genetischer und genomischer Daten integriert. Am SOEP-IS 2019 haben 4.283 Erwachsene (17 Jahre und älter) sowie 875 Kinder und Jugendliche teilgenommen. Davon stellten 2.598 Personen (darunter 215 Kinder und Jugendliche) eine Speichelprobe für genetische Analysen zur Verfügung (Koellinger et al. 2021: 8). Dieses Sample wird als Gene-SOEP bezeichnet. Organisiert und ausgewertet wird es durch ein Konsortium von

Wissenschaftler*innen aus Deutschland, den Niederlanden, der Schweiz und den USA unter Leitung des in Amsterdam arbeitenden Ökonomen Philipp Koellinger und des Psychologen Ralph Hertwig vom Max-Planck-Institut für Bildungsforschung in Berlin (ebd.: 6). Mithilfe der genetischen Daten solle im Gene-SOEP aufgeklärt werden, »how social (dis)advantages are transmitted across generations and how parents, peers, teachers, and policy makers can potentially alleviate or amplify such (dis)advantages.« (ebd.: 4) Es wird also unterstellt, dass die intergenerationelle Weitergabe sozialer Benachteiligungen oder Privilegien allein mit sozialwissenschaftlichen Erklärungsmustern nicht hinreichend zu erfassen sei, sondern sich erst durch die Einbeziehung genetischer Faktoren erschließe.

Die im Gene-SOEP angestrebte systematische Integration genetischer Erklärungsfaktoren in die sozialwissenschaftliche Forschung halten wir weder für einen trivialen Vorgang, der nicht weiter erwähnenswert wäre, noch für eine unausweichliche, alternativlose Konsequenz des vermeintlichen wissenschaftlichen Fortschritts hin zu immer mehr Big-Data-Forschung. Umso erstaunlicher ist, dass dazu – zumindest unseres Wissens nach – hierzulande weder eine öffentlich-politische noch eine sozialwissenschaftliche Auseinandersetzung stattgefunden hat und der Leitung des SOEP anscheinend auch nicht daran gelegen war, eine solche Debatte zu initiieren. Einem Zeitungsartikel zufolge hat das SOEP bisher »nicht viel Aufhebens« um das Gene-SOEP gemacht, wegen der angeblich in Deutschland bestehenden besonderen Reserviertheit gegenüber der Verknüpfung von Sozialwissenschaften und Genetik (Spiewak, Bahnsen 2022). Allerdings habe die »SOEP-Spitze« lange darüber diskutiert, ob das Vorhaben nicht »zu heikel« sei.[1]

Im Folgenden möchten wir zunächst rekapitulieren, wie sich Soziogenomik in den letzten Jahren als neue Forschungsperspektive herausgebildet hat und welche Erwartungen und Versprechungen mit ihr verbunden werden. Sodann erläutern wir, wie Soziogenomik »funktioniert«, was ihre zentralen Konzepte, Methoden, Fragestellungen und Vorannahmen sind. In einer ersten kritischen Bewertung untersuchen wir die soziogenomischen Wissens- und Wahrheitsansprüche genauer: Was vermag die Soziogenomik auszusagen – und was nicht? Welche problematischen Prämissen liegen ihr zugrunde, und

---

1 Vorbereitet und vom Wissenschaftsrat befürwortet wurde die Einbeziehung genetischer Analysen in das SOEP oder in Teile davon offensichtlich aber schon länger (vgl. Schupp, Wagner 2010; Wissenschaftsrat 2009: 26, 79 f.). Bemerkenswerterweise haben bei einer Machbarkeitsstudie in den Jahren 2008 und 2009 anscheinend einige Interviewer*innen im Sinne einer »stillen Verweigerung« die »biosoziale« Datenerhebung (einschließlich Speichelprobe) nicht vollständig durchgeführt (Schupp, Wagner 2010: 7).

wie geht sie mit genetischem Determinismus und Essentialismus um? In einem zweiten kritischen Blick konzentrieren wir uns am Beispiel von Bildungsungleichheiten auf die politischen Implikationen und Konsequenzen soziogenomischer Forschung und ihrer möglichen Umsetzung: Wann, wie und von wem sollen beispielsweise die benötigten genetischen Daten von Schul- oder sogar Kindergartenkindern erhoben werden? Welche sozialen Folgen könnte die Etablierung von Gentests auf den künftigen Schulerfolg haben? In einem abschließenden Fazit fassen wir wichtige Punkte unserer Argumentation zusammen.

2. Die Versprechungen der Soziogenomik

Die Identifikation einer vererblichen Komponente von menschlichem Verhalten und Eigenschaften wie Intelligenz oder Neigung zum Alkoholismus sowie der Versuch, diese von Einflüssen der Umwelt möglichst exakt abzugrenzen, ist seit dem 19. Jahrhundert ein zentrales Ziel genetisch orientierter (Sozial-)Forschung. Die Geschichte dieser Forschung ist einerseits gekennzeichnet durch eine lange Reihe wissenschaftlicher Fehlschläge und andererseits durch politisch äußerst problematische Implikationen wie Zwangssterilisierungen, Rassismus und Sozialdarwinismus. Vor diesem Hintergrund waren und sind alle neu aufkommenden Forschungsrichtungen in diesem Feld bestrebt, sich von den in Verruf geratenen Vorläufer*innen zu distanzieren. Sie präsentieren sich demgegenüber als wissenschaftlich innovativ und politisch fortschrittlich oder aber als *unpolitisch*. Dies gilt nicht nur für die Soziogenomik, sondern auch für die ihr unmittelbar vorausgehende Verhaltensgenetik, die sich in den 1960er Jahren herausgebildet hat und auf die wir unten noch zu sprechen kommen.

Soziogenomik erhebt den Anspruch, die Frage nach der Erblichkeit sozialen Verhaltens und menschlicher Eigenschaften und Fähigkeiten nun endlich beantworten zu können. Ihre Vertreter*innen präsentieren den Forschungsansatz als jung und innovativ. Er profitiere von einer »genetic revolution« (Harden, Koellinger 2020: 574), dank derer »scientists are (finally) beginning to open the black box of heritability« (ebd.: 569). Als möglich erscheint dies, weil mittlerweile, 20 Jahre nach Abschluss des Humangenomprojekts, ausreichende technischen Kapazitäten verfügbar sind, um die Genomdaten großer Kohorten von Proband*innen nach statistischen Zusammenhängen zwischen Genetik und sozialen Merkmalen zu durchforsten. Überwunden werden könne dadurch, so die Botschaft, die weitgehend erfolglose Suche nach sogenannten Kandidaten-Genen (»das Gen für…«), das heißt, der Versuch, menschliche Verhaltensweisen und Eigenschaften wie Kriminalität, Homosexualität oder Risikobereitschaft aus der Aktivität einzelner Gene zu erklären. Der innovative Ansatz der Soziogenomik basiere demgegenüber auf der Analyse kompletter Genome, wodurch statistische Korrelationen zwischen Verhaltensunterschieden und den Millionen winziger individueller Besonderheiten, die sich in jedem Genom finden, zu ermitteln seien.

Diesen methodischen und konzeptionellen Zugang verbinden Soziogenomiker*innen mit der (allerdings inkonsistent bleibenden) Abgrenzung von jeglichem genetischen Determinismus und Essentialismus. »Genetischer Determinismus – das ist vom Tisch!«, äußerte beispielsweise der Bielefelder Soziologe Martin Diewald zu Beginn seines Einführungsvortrags bei der Ad-Hoc-Gruppe »Jenseits genetischer oder sozialer Determinismen: Welche Erträge liefern genetisch informierte Studien zum besseren Verständnis des Bildungs- und Statuserwerbs in Gesellschaften« auf dem DGS-Kongress 2022. Auch Koellinger und die US-amerikanische Psychologin Kathryn Paige Harden (ebenfalls Mitglied des Gene-SOEP-Konsortiums) argumentieren in einem Überblicksartikel, der Sozialwissenschaftler*innen den Forschungsansatz schmackhaft machen soll, gegen einen »bio-determinism«. Sie verweisen auf die Bedeutung von Umwelteinflüssen und stellen die Frage nach sozialer Gerechtigkeit sogar ins Zentrum ihrer Begründung für die Sinnhaftigkeit ihrer Forschung:

»For example, the realization that success in life is partly the result of a genetic lottery raises new questions not only about underlying mechanisms, but also about fairness and what a desirable distribution of wealth in a society should look like.« (Harden, Koellinger 2020: 568)

Auch andere Vertreter*innen der Soziogenomik betonen, ihre Forschung könne und solle dazu beitragen, soziale Ungleichheit zu bekämpfen. So schreiben Wissenschaftler*innen aus dem Gene-SOEP, ihre Forschung sei keineswegs per se ethisch problematisch oder begünstige soziale Diskriminierung und Stigmatisierung. »Ganz im Gegenteil« könne nämlich auch argumentiert werden, »dass Nachteile, die einem Menschen durch seine ›genetische Ausstattung‹ entstehen, von der Gesellschaft zumindest teilweise kompensiert, vielleicht sogar möglichst weitgehend ausgeglichen werden sollten« (Arslan, Koellinger, Wagner 2019).

Solche Abgrenzungsbemühungen sind nicht neu: Wie die Soziogenomik heute waren in den 1960er Jahren auch die ersten Verhaltensgenetiker*innen bestrebt, sich von der vor allem durch den Nationalsozialismus diskreditierten Eugenik und Rasseforschung zu distanzieren (vgl. Panofsky 2014: 40 ff.). Diese Abgrenzung beruhte allerdings eher auf einer naturwissenschaftlichen Basis als auf explizit politischen oder ethischen Argumenten. Zwar galten die Forschungsinteressen der Verhaltensgenetik zunächst dem vermeintlich unpolitischen tierischen statt menschlichen Verhalten, doch schon bald wandte sich die Verhaltensgenetik auch menschlichen Eigenschaften zu. Bereits 1969 sorgte der Psychologe Arthur Jensen für heftige Kontroversen, als er eine genetische Ursache für Unterschiede im durchschnittlichen Intelligenzquotienten zwischen Schwarzen und Weißen Menschen behauptete und sich dabei auf Erkenntnisse aus der Verhaltensgenetik stützte (Jensen 1969). Die öffentliche und mediale Aufmerksamkeit war groß und rief die Kritik prominenter Genetiker*innen und Psycholog*innen wie Richard Lewontin, Luigi Cavalli-Sforza und Leon Kamin hervor. Mitte der 1990er Jahre flammte der Konflikt erneut auf, als der Psychologe Richard J. Herrnstein und der Politikwissenschaftler Charles Murray in ihrem Buch »The Bell Curve« ähnliche Thesen wie Jensen veröffentlichten. Doch trotz der anhaltenden Kontroversen konnte sich das Feld der Verhaltensgenetik etablieren und zu Anfang des 21. Jahrhunderts bildete es ebenso wie die schon seit den 1920er Jahren betriebene Zwillingsforschung einen der wesentlichen Hintergründe und Entstehungskontexte der Soziogenomik (vgl. u.a. Diewald 2008, 2010).

Auch wenn Soziogenomiker*innen heute so vehement die Neuartigkeit ihrer Forschungsperspektive betonen, sind die Kontinuitäten zu früherer einschlägiger Forschung nicht zu übersehen. Mit der Eugenik teilt die Soziogenomik nicht nur das im 19. Jahrhundert aufkommende und bis zur Obsession reichende Interesse an der biologischen Vererbung menschlicher Verhaltensweisen und Eigenschaften (vgl. Rheinberger, Müller-Wille 2009), sondern auch die stillschweigende Vorannahme, menschliches Verhalten sei tatsächlich zu einem wesentlichen oder sogar überwiegenden Teil erblich, das heißt genetisch bedingt. Ähnlich wie die Verhaltensgenetik richtet die Soziogenomik ihr Augenmerk auf die genetischen Grundlagen von Verhaltens*unterschieden* zwischen Individuen oder Gruppen und versucht, den genetischen Anteil an solchen Unterschieden zu bestimmen und zu quantifizieren. Ganz explizit knüpft sie damit an die lange und umstrittene Tradition der Zwillingsforschung an, mitsamt deren Abschätzungen zur Erblichkeit von Eigenschaften und sozialen Verhaltensmerkmalen.[2]

Verhaltensgenetik, Zwillingsforschung und verwandte Forschungslinien bilden die Kontexte, an die die Soziogenomik einerseits methodisch und konzeptionell anschließt und von denen sie sich andererseits als innovativ abzuheben bemüht. Soziogenomiker*innen betonen, erst sie seien mit neuen wissenschaftlichen Methoden wirklich in der Lage, die Erblichkeit menschlicher Eigenschaften adäquat zu erfassen. Durch den Bezug auf soziale Gerechtigkeit sowie durch anti-eugenische und anti-rassistische Äußerungen wollen sie zugleich den Eindruck erwecken, dass die Soziogenomik die politisch verheerenden Positionen und Implikationen der früheren Forschungen hinter sich gelassen habe. In den folgenden drei Abschnitten werden wir jeweils verschiedene Aspekte der Frage beleuchten, ob und inwieweit die Soziogenomik diesen selbstgesetzten Ansprüchen tatsächlich gerecht wird.

3. Wie »funktioniert« Soziogenomik?
Methoden und Konzepte

In Reaktion auf die erwähnte methodische Kritik von Kamin (1974) und anderen aus den 1970er Jahren erstellten Verhaltensgenetiker*innen immer umfassendere Datensammlungen für Zwillings- und Adoptionsstudien, um Zweifeln an ihren Datengrundlagen zu begegnen. Darin bezogen sie sowohl eine Vielzahl menschlicher Eigenschaften und Verhaltensweisen als auch Hunderte oder Tausende von Proband*innen ein, Zwillingsgeschwister wie adoptierte Personen, die äußerst umfangreiche Fragebögen zu ihren kognitiven Fähigkeiten, Persönlichkeitsmerkmalen, täglichen Gewohnheiten, Vorlieben und Abneigungen, sozialen und politischen Einstellungen und so weiter ausfüllten. Aaron Panofsky (2014) vermutet in seiner Studie zur Entwicklung der Verhaltensgenetik, dass die Inflationierung der einbezogenen Merkmale dazu diente, geradezu provokativ an fast allen nur denkbaren Verhaltensvariablen und -variationen – vom Kaffeekonsum über den Kirchenbesuch bis zum kriminellen Verhalten – eine genetische Komponente aufweisen zu können (ebd.: 148 f.). Auch für die gegenwärtige Soziogenomik ist eine solche Ausweitungsstrategie prägend: Im Gene-SOEP etwa soll eine

---

2 Zur Kritik an der Zwillingsforschung s. unter anderem Kamin (1974), Joseph (2015; 2023).

erbliche Komponente von 55 teils gesundheitsbezogenen, teils sozio-kulturellen *traits* identifiziert werden, darunter der Konsum von Cannabis, Tabak und Alkohol, das Alter von Frauen bei der Geburt ihres ersten Kindes, das Bildungsniveau und die Risikotoleranz sowie – auch hier – die religiöse Betätigung (Koellinger et al. 2021: 17 ff.).

Das zentrale Paradigma der Soziogenomik, die *Heritabilität* von Verhaltensmerkmalen, stammt ebenfalls aus der Verhaltensgenetik und Zwillingsforschung. Heritabilität bezeichnet hier das Maß der Erblichkeit der Varianz eines Merkmals, also den Anteil, zu dem die Ausprägungs*unterschiede* auf genetische Variationen zurückgeführt werden können.[3] Heritabilitätsschätzungen beruhen in der Zwillingsforschung auf statistischen Vergleichen genetischer Daten mit Verhaltensdaten bei eineiigen und zweieiigen Zwillingen sowie bei adoptierten und nicht-adoptierten (Zwillings-)Geschwistern (Mills, Tropf 2020: 555 f.). Grundlage für die Abschätzung ist die Hypothese, dass die genetische Komponente unter Kenntnis der verschiedenen Verwandtschaftsgrade und der jeweiligen sozialen Umwelten der Proband*innen berechenbar sei. Dabei wurden (und werden) oft sehr hohe und sicherlich überhöhte Heritabilitätswerte ermittelt, da die Umwelteinflüsse systematisch unterbewertet werden (Joseph 2023: 77 ff.). So kam eine Meta-Analyse von Zwillingsstudien aus einem Zeitraum von 50 Jahren auf einen durchschnittlichen Wert von 49 Prozent für die Heritabilität von Merkmalsunterschieden (Polderman et al. 2015). Die Wissenschaftler*innen des Gene-SOEP-Konsortiums übernehmen diesen Wert unhinterfragt und ergänzen ihn durch die Aussage, die Heritabilität gesundheitsbezogener, aber auch sozialer Eigenschaften wie Bildungsniveau und Risikoverhalten liege »typischerweise« zwischen 30 und 70 Prozent (Koellinger et al. 2021: 3). Ebenfalls mit Bezug auf die Studie von Polderman et al. behaupten die Autor*innen: »Almost all human traits are partly heritable, including health outcomes, personality, and behavioral tendencies.« (Koellinger et al. 2021: 2) Die Genetik zu ignorieren, führe nach ihrer Auffassung dazu, »that a substantial source of individual differences would remain unobserved, potentially leading to biased estimations that could prompt wrong and possibly counterproductive conclusions.« (ebd.: 3)

---

3 Mills und Tropf (2020: 559) weisen darauf hin, dass das statistische Konstrukt der Heritabilität häufig fehlinterpretiert wird. Es sei daher wichtig zu betonen, dass sich die Abschätzung der Heritabilität von Eigenschaften niemals auf Individuen bezieht, sondern immer nur auf die jeweils untersuchte Population (also das jeweilige Sample) und deren Umwelt (vgl. auch Panofsky 2014: 151).

Nach Abschluss des Humangenomprojekts und gestützt auf die Verfügbarkeit großer wissenschaftlicher Datenbanken und privatwirtschaftlicher Datenanbieter wie *23andme* wurde die rein statistische Auswertung von Fragebogendaten aus der Zwillingsforschung zunehmend durch genetische beziehungsweise genomweite Analysen ergänzt oder gar komplett durch diese ersetzt.[4] Das Humangenomprojekt war im Jahr 1990 als bis dato größtes internationales wissenschaftliches Kollaborationsprojekt mit dem Ziel gestartet, das gesamte menschliche Genom zu sequenzieren. Es war getragen von der Hoffnung, dass die Kenntnis des menschlichen Genoms die Behandlung und Heilung von »every disease« ermöglichen würde und so in den kommenden Jahren auch Volkskrankheiten wie Alzheimer, Diabetes und Krebs »besiegt« werden könnten (The White House 2000). Zur Überraschung aller beteiligten Forschenden konnten im menschlichen Genom aber nur rund 23.000 Gene aufgefunden werden – also DNA-Sequenzen, die Informationen über den Aufbau des menschlichen Körpers enthalten. Den Erwartungen der Verhaltensgenetiker*innen, einzelne Gene für jeweilige Eigenschaften zu finden, versetzte dies einen herben Dämpfer, denn mit der Sequenzierung des Genoms ließ sich die Frage nach dem erblichen Anteil menschlicher Eigenschaften und Verhaltensweisen keineswegs klären. Zwar konnte eine Reihe zumeist seltener monogenetischer Erkrankungen (wie Sichelzellanämie, Mukoviszidose, Chorea Huntington) auf einzelne Varianten in der DNA-Sequenz zurückgeführt werden. Für komplexere Erkrankungen sowie für menschliche Eigenschaften (und damit auch für deren unterschiedliche Ausprägung) ließen sich bisher jedoch nur in äußerst begrenztem Umfang einzelne Gene mit einem statistisch großen Effekt identifizieren.

Von diesem Misserfolg bei der Suche nach Genen für Krankheiten und Verhaltensunterschiede ließen sich die (Verhaltens-)Genetiker*innen aber nicht aufhalten. Zu Hilfe kam ihnen die Entdeckung der Millionen minimaler

---

4 Eine Kombination von Zwillingsforschung und molekulargenetischen Analysen stellt das von der Deutschen Forschungsgemeinschaft geförderte, auf zwölf Jahre angelegte Projekt »TwinLife« dar, eine »verhaltensgenetische Studie zur Entwicklung von sozialer Ungleichheit«, die unter anderem von Martin Diewald geleitet wird. In der Studie werden seit 2014 Verhaltens- und Gendaten von 4.097 Zwillingsfamilien erhoben und ausgewertet. Untersucht werden Verhaltensvariablen in den sechs Bereichen: »Bildung und Bildungserfolg, Karriere und Erfolge auf dem Arbeitsmarkt, Integration und Teilhabe am sozialen, kulturellen und politischen Leben, Lebensqualität und wahrgenommene Handlungsmöglichkeiten, physische und psychologische Gesundheit sowie Verhaltensprobleme und abweichendes Verhalten« (Spinath 2023). Auch dabei wird, ähnlich wie im Gene-SOEP unterstellt, die Nichtberücksichtigung genetischer Variation führe zu »less complete but also to less precise explanations« (Hahn et al. 2016: 661).

Varianten im Genom, der Einzelnukleotid-Polymorphismen (*single nucleotide polymorphisms*, SNPs), durch immer zahlreicher durchgeführte Genomanalysen.[5] Obwohl menschliche Genome zu rund 99,9 Prozent identisch sind, findet sich bei jedem Individuum in den mehr als drei Milliarden Basenpaaren eine Vielzahl solcher winziger Variationen. Auf deren Detektion zielten in den letzten zwei Dekaden zahlreiche genetische Studien, und in den seit 2005 durchgeführten genomweiten Assoziationsstudien (GWAS) werden diese SNPs auf statistische Zusammenhänge mit Unterschieden in Krankheitsverläufen, Verhaltensweisen oder Eigenschaften hin untersucht. Eine Vielzahl an Studien fand so Tausende SNPs, die *statistisch* und jeweils nur minimal mit einzelnen (deshalb als polygen bezeichneten) Eigenschaften korrelieren (vgl. Mills, Tropf 2020: 556 ff.).

Der nächste Schritt bestand darin, Zigtausende oder teilweise gar Millionen SNPs zu sogenannten *polygenen (Risiko-)Scores* (PGS) oder polygenen Indizes (PGI) zusammenzufassen. Hierfür wurde Big Data notwendig, da nur durch eine solche Bündelung jeweils minimaler Assoziationen überhaupt ein quantitativ relevanter Zusammenhang zwischen genetischer Variabilität und spezifischen Eigenschaften beziehungsweise Verhaltensweisen erfasst werden kann. Dementsprechend verwenden aktuelle soziogenomische Studien für die Berechnung von PGS riesige Datasets aus den inzwischen in großer Zahl verfügbaren Genomanalysen. Beispielsweise ist der im Gene-SOEP verwendete PGS für Bildungserfolg (*educational attainment*) aus mehr als einer Million (exakt 1.147.926) SNPs konstruiert. Er basiert auf verschiedenen GWAS, in denen die Genome von insgesamt 1.047.538 Proband*innen ausgewertet wurden (Koellinger et al. 2021: 18).[6]

Die bei der Ermittlung von PGS verwendeten Methoden sind vor allem in der Tier- und Pflanzenzüchtung entwickelt worden. Dort dienen PGS (unter der Bezeichnung »estimated breeding value«) beispielsweise dazu, anhand genetischer Daten den zukünftigen Milchertrag potenzieller Nachkommen eines Zuchtbullen und damit dessen Züchtungswert vorherzusagen

---

5 Als SNP wird die Abweichung einer Nukleobase in der DNA im Vergleich zu einer Referenzsequenz bezeichnet, also das Auftreten etwa von Thymin an einer Stelle, in der im Referenzgenome ein Cytosin verzeichnet ist. SNPs treten sowohl innerhalb der codierenden als auch der nicht-codierenden DNA auf; sie können somit die Regulation der Bildung von Proteinen oder deren Zusammensetzung beeinflussen, aber auch keine Auswirkungen darauf haben.

6 Allerdings nutzen verschiedene Unternehmen und Forschungsgruppen unterschiedliche Datenbanken und Algorithmen und kommen so auch zu unterschiedlichen Ergebnissen (Babb de Villiers, Kroese, Moorthie 2020).

(Herzig, Clerget-Darpoux, Génin 2022: 3 f.). Diese Methoden zur Abschätzung von Zuchterfolgen überträgt die Soziogenomik auf Prognosen über vielfältige soziale Merkmale wie Bildungserfolg, Alter von Frauen bei der Geburt ihres ersten Kindes, politische Einstellung oder Risikoverhalten. Grundlage hierfür ist die Vorannahme, dass die Vielzahl winzigster Variationen im gesamten Genom die beobachtbaren oder messbaren Merkmals- und Verhaltensunterschiede erklären kann. Entsprechende Studien versuchen, mittels PGS abzuschätzen, wie hoch der erbliche Einfluss auf die Ausprägung einer bestimmten Eigenschaft ist. Die statistisch ermittelten Werte sind allerdings verhältnismäßig gering, vor allem sehr viel kleiner als die Heritabilitätsschätzungen, die von Zwillings- und Adoptionsstudien postuliert werden. Im Gene-SOEP lag beispielsweise der errechnete statistische Einfluss des verwendeten PGS auf Unterschiede im Bildungsstand der Proband*innen bei nur rund neun Prozent (Koellinger et al. 2021: 20). Das heißt, dass die beobachtbaren Unterschiede im verwendeten Modell nur zu neun Prozent mit den genetischen Variationen korrelieren. Andere Studien ergeben ein ähnliches Bild; so konnte ein PGS »aus der jüngsten Generation von GWAS« lediglich zwei Prozent der Varianz bei persönlichen Eigenschaften wie Risikotoleranz erfassen (Koellinger et al. 2021: 16). Die Reaktion der Soziogenomiker*innen auf die Diskrepanz zwischen diesen Werten und den Vorhersagen der Zwillingsforschung ist wenig überraschend: Es seien noch mehr SNPs und noch größere Kohorten erforderlich, um höhere Heritabilitätswerte zu erhalten.

In diesem Zusammenhang ist zu betonen, dass soziogenomische PGS nichts über kausale Zusammenhänge aussagen, sondern ausschließlich als prognostische Marker genutzt werden können (Turkheimer 2019: 46). Denn die einbezogenen SNPs beeinflussen in der Regel nicht oder zumindest nicht direkt die Ausprägung einer Eigenschaft. Sie befinden sich lediglich in der Nähe von Genomabschnitten, die mutmaßlich die jeweilige Eigenschaft beeinflussen. Vor allem bezogen auf komplexe menschliche Eigenschaften wie Intelligenz oder Schulerfolg bleiben die unterstellten kausalen Zusammenhänge zwischen genetischer Variation und der Ausprägung eines Merkmals jedoch völlig ungeklärt (vgl. Feldman, Riskin 2022: 8 f.). Als wichtig ist außerdem festzuhalten, dass sich der örtliche Zusammenhang zwischen spezifischen SNPs und bestimmten Genabschnitten durch die Rekombination des Erbguts von einer Generation zur nächsten verändern kann. Die Aussagekraft von PGS hängt daher vom genetischen Verwandtschaftsgrad der analysierten Individuen ab: Je weiter entfernt die Verwandtschaft ist oder je heterogener die jeweiligen Herkünfte sind, desto geringer wird der prognostische Aussagewert der PGS (Ding et al. 2023; Martin et al. 2019). In der Tier- und Pflanzenzüchtung werden PGS daher nur in einzelnen Zuchtlinien mit wenigen Generationen angewandt, da die zugrundeliegenden Genomdaten sich sonst zu sehr unterscheiden und sich rein zufällige Zusammenhänge ergeben können (Heslot et al. 2012). Bei Menschen kommt hinzu, dass bei Personen, deren genetische Verwandtschaft geringer ist, sich häufig auch die jeweiligen Umweltbedingungen (wie Ernährung, Sozialstruktur, Gesundheitssystem) deutlicher voneinander unterscheiden, was die Einflüsse auf die untersuchten Verhaltensmerkmale kaum mehr kontrollierbar macht.

Die methodische Anforderung, möglichst ähnliche Genome in die Konstruktion von PGS einzubeziehen, versuchen Studien wie das Gene-SOEP dadurch einzulösen, dass sie sämtliche Proband*innen genetisch auf ihre »europäische Abstammung« hin untersuchen und Personen »of non-European ancestries« von der weiteren Analyse ausschließen (Koellinger et al. 2021: 13). Umso befremdlicher erscheint die Aussage der Studienautor*innen, das Gene-SOEP sei »the only genotyped sample that is representative of the *entire* German population« (Koellinger et al. 2021: 5, Hervorhebung von uns). Der Anspruch auf Repräsentativität wird ja gerade zugunsten des Funktionierens der Methode aufgegeben, und die Proband*innen werden mittels genetisch-geografischer Zuordnungen auf eine vermeintlich spezifische Herkunft fixiert. Das zeigt eine weitere Problematik soziogenomischer Studien, nämlich ihre nach wie vor bestehende Nähe zu ethnisierenden und rassifizierenden Kategorien. Zwar heben Protagonist*innen der Soziogenomik wie Harden (2023: 97 ff.) hervor, dass »Rassen« soziale Konstrukte und keine biologisch-genetischen Entitäten seien, zugleich evozieren sie aber immer wieder ein biologisches Verständnis von »Rassen«. Wenn Harden schreibt, die »Behauptung, es gebe keine genetischen Unterschiede zwischen Gruppen von Menschen verschiedener *races*«, sei »schlicht falsch« (ebd.: 107), wird »Rasse« dann doch wieder als genetisch unterscheidbare Gruppe und damit als biologische Kategorie konzipiert.

4. Konzeptionelle Ambivalenzen und Widersprüche

Wie bereits zuvor die Verhaltensgenetik, so wurde auch die Soziogenomik in den letzten Jahren in der englischsprachigen Diskussion Gegenstand umfangreicher methodisch und theoretisch orientierter Kritik. Problematisierungen bringen Vertreter*innen der Genetik vor (z.B. Bird 2021; Robette, Génin, Clerget-Darpoux 2022), der Psychologie (z.B. Joseph 2022, 2023; Turkheimer 2019), der Medizin/Epidemiologie (z.B. Janssens 2019; Morris et al. 2020; Penders, Janssens 2022), der Sozialwissenschaften (z.B. Panofsky 2014; Bliss 2018; Burt 2023) sowie interdisziplinäre Arbeitsgruppen (Meyer et al. 2023). So stehen die gewählten methodischen Ansätze in der Kritik, namentlich die GWAS, die Ermittlung von PGS sowie die Anwendung und Interpretation von Zwillings-, Geschwister- und Adoptionsstudien. Beanstandet werden zudem die zumindest implizite Verwechslung von Korrelation und Kausalität, die fehlende beziehungsweise sehr geringe individuelle Vorhersagekraft von PGS sowie die gewichtigen ethischen, sozialen und politischen Implikationen dieser Art von Forschung. Überdies problematisieren Kritiker*innen reduktionistische, essentialisierende und gen-deterministische Annahmen, die Nichtbeachtung kontextueller Faktoren, von Sozialstrukturen, kulturellen und historischen Dynamiken sowie die Gefahren, die bei einer breiten Anwendung soziogenomischer Verfahren zu erwarten wären. Wir konzentrieren uns an dieser Stelle auf drei zentrale Probleme der Soziogenomik: ihre strikte Trennung zwischen Umwelt- und Genwirkungen, ihre Vernachlässigung genetischer Populationsstrukturen sowie die Unschärfen zwischen Korrelation und Kausalität.

Wie bereits erwähnt formulieren viele Arbeiten der Soziogenomik weitreichende Hoffnungen und Versprechungen. So stelle die Soziogenomik beispielsweise Harden und Koellinger zufolge für Sozialwissenschaftler*innen »a powerful new toolbox« bereit, mit der diese (durch die statistische »Kontrolle« auf genetische Variationen) auch Umwelteffekte bei der Herausbildung von Verhaltensunterschieden besser verstehen könnten (Harden, Koellinger 2020: 568). Grundlage dieses Versprechens bildet offenbar eine simplifizierende Dichotomie von Natur (Genen) und Umwelt, die sich in vielen Studien in gleicher Weise zeigt (vgl. Robette, Génin, Clerget-Darpoux 2022). Wissenschaftssoziologisch gesehen lässt sich hier eine Differenz zwischen Vertreter*innen der Soziogenomik einerseits und dem Basisverständnis der aktuellen Humangenetik andererseits ausmachen. So gehen zahlreiche Arbeiten der Genetik und Biologie von einem komplexen Ineinandergreifen genetischer und umweltbezogener Einflüsse sowie von einer stetigen Interaktion beider Sphären aus – sowohl während der Individualentwicklung als auch in sozialen Settings. Viele Forschende in diesen Disziplinen verstehen Umwelt und Gene gerade nicht als voneinander getrennte Entitäten, sondern als miteinander verwoben, als »genotype-environment interaction« (Lewontin 2006: 524), was die Messung der quantitativen Beiträge zweier getrennter Bereiche als unsinnig erscheinen lässt. Mit dem Wissen, dass Umwelteinflüsse wie Erziehung, aber auch Ernährung, physische Betätigung und so weiter die körpereigene Produktion von Hormonen, die Expression von Genen (die wiederum mit weiteren Genen in Beziehung stehen) und damit die Ausprägungen von Merkmalen beeinflussen, lassen sich beide Sphären in ihren Wirkungen nicht mehr sinnvoll separieren (Feldman, Lewontin 1975; Keller 2010; Feldman, Riskin 2022). Genau aus diesem Grund mahnt der Genetiker Richard Lewontin an, die Suche nach vermeintlich besseren Methoden zur Schätzung nutzloser Quantitäten aufzugeben (2006: 525). Aufgrund des beschriebenen *entanglements* beider Einflusssphären lässt sich eben nicht einer Seite allein eine kausale Wirkung zusprechen (Krieger 2021).

Interaktionen zwischen Genotyp und Umwelt weisen Soziogenomiker*innen nicht grundsätzlich von sich. Kennzeichnend für das Feld ist jedoch, dass ihre Vertreter*innen weiterhin von einer Trennbarkeit und Quantifizierbarkeit der beiden Faktoren ausgehen. Mittels statistischer Verfahren versuchen sie, die Wirkung der Gene von den als weniger wirkmächtig erachteten Umwelteinflüssen zu isolieren. So gibt beispielsweise der Psychologe und Verhaltensgenetiker Robert Plomin in seinem Buch »Blueprint« an, er könne mittels »controlling for genetics« ermitteln, dass die DNA »matters more than everything else put together« (2019: IX). Konkret führt Plomin das etwa am Beispiel der »Vererbbarkeit von Ehescheidungen« aus: Der »major systematic factor affecting divorce« sei »genetics«: Diese verursache rund 40 Prozent der Variation (ebd.: 39).

Wenn Soziogenomiker*innen Wörter wie »affecting«, »matters« oder »cause« verwenden, gehen sie in ihren Modellen von einer hauptsächlichen oder zumindest wesentlichen *kausalen* Wirkung von Genen auf Verhaltensmerkmale aus. Die genomweiten Assoziationsstudien (GWAS) und die damit erzeugten polygenen Risikoscores (PGS) stellen jedoch lediglich eine statistische Verknüpfung von Gendaten und Verhaltensausprägungen her. Dargestellt werden also *Korrelationen*, die nicht ohne Weiteres auf einen ursächlichen Zusammenhang schließen lassen. Im Unterschied zu labortechnischen Messungen, etwa des Blutdrucks, suchen Forschende bei GWAS mittels

Algorithmen nach Mustern in der Zusammenführung zweier Datensätze. PGSs »are calculated, compiled or constructed through the statistical assemblage of genetic variants« (Penders, Janssens 2022: 1093). Dennoch gehen Soziogenomiker*innen davon aus, kausalen Zusammenhängen auf der Spur zu sein, obwohl sie einen kausalen Zusammenhang zwischen genetischen Variationen und den Verhaltensunterschieden in ihren Studien in aller Regel gar nicht untersuchen, auch weil es methodisch äußerst aufwendig (wenn nicht unmöglich) wäre, die biologische Wirkungsweise Tausender winziger genetischer Varianten zu erfassen (Feldman, Riskin 2022: 9).

Das Verhältnis zwischen Korrelation und Kausalität wird durch die häufig unerkannten Effekte genetischer Populationsstrukturen weiter verkompliziert (Burt 2023: 14). Methodisch gehen Soziogenomiker*innen meist von einer idealen, homogenen Verteilung genetischer Varianten in den von ihnen untersuchten Bevölkerungsteilen sowie außerdem von einer rein zufälligen Partner*innenwahl aus. Eine solche Prämisse ist aus sozialwissenschaftlicher Sicht äußerst fraglich. Denn, wie viele soziologische Studien zeigen, weisen sowohl historische als auch heutige Gesellschaften eine hohe Homogamierate auf. Tatsächlich sind Partner*innenwahl und Reproduktion sozial induziert und nicht zufällig. Das hat in genetischer Hinsicht zur Folge, dass in jeder Bevölkerungsgruppe rein statistisch auch einzelne Genvarianten besonders häufig vorliegen. Die daraus entstehende genetische Populationsstruktur »can lead to genotype-phenotype associations despite no causal relationship between the genotype and the phenotype« (Morris et al. 2020: 2). Eine Studie, die genetische Merkmale mit Verhaltensvariablen korreliert, läuft daher zwangsläufig immer Gefahr, statistisch signifikante Zusammenhänge zu messen, die allein durch die Populationsstruktur und die daraus resultierenden genetischen Differenzen hervorgerufen werden.

Es ist davon auszugehen, dass den Soziogenomiker*innen diese Effekte genetischer Populationsstrukturen bekannt sind. Zudem wissen sie wie alle anderen, die sich mit Korrelationen befassen, dass diese noch keine Kausalität bedeuten. Dennoch findet sich in den soziogenomischen Darstellungen eine überraschende Fülle impliziter und expliziter kausaler Verknüpfungen. Harden und Koellinger proklamieren etwa, dass »[g]enetic effects influence most dimensions of individual differences that social scientists care about« (Harden, Koellinger 2020: 574). Dies ist eine steile These, unterstellt sie doch, dass diverse Kernthemen der Sozialwissenschaften – von sozialer Ungleichheit über politische Einstellungen, Sozialisation oder Gesundheit bis hin zu Macht, Kultur und Identität – wesentlich durch individuelle genetische Variabilität beeinflusst seien. Sofern diese Aussage über Trivialitäten hinausgehen soll – wie etwa die, dass die Gehirnentwicklung einer genetischen Grundlage bedarf, setzt sie behauptend schon voraus, was eigentlich erst mittels geeigneter Studien zu prüfen wäre. In eben diesem Sinne schreibt Harden, »dass genetisch bedingte Unterschiede zwischen Menschen die Ursache für soziale Ungleichheit sind«, dass also genetische Variationen zu Unterschieden »in Bezug auf Bildungsabschlüsse, aber auch in Bezug auf körperliche Phänomene wie BMI, psychologische Probleme wie ADHS und andere psychische Störungen sowie mit der Reproduktion zusammenhängende Dinge wie das Alter bei der ersten Geburt« führten (Harden 2023: 149). Anstatt also eine entsprechende Forschungsfrage zu formulieren, setzt Harden – wie in der Soziogenomik üblich – eine kausale Kopplung voraus und stellt die berechneten Korrelationen als Ausdruck des behaupteten ursächlichen Zusammenhangs dar. Ähnlich hatte Martin Diewald bereits 2010 in einem programmatischen Aufsatz gefordert, »*Ausgangspunkt* einer Analyse gesellschaftlicher Chancenverteilungen« müsse die »Tatsache unterschiedlicher genetischer Veranlagungen« für den Erwerb bestimmter erwünschter oder unerwünschter sozialer Eigenschaften sein (Diewald 2010: 11, Hervorhebung von uns). Den gesellschaftlichen Umweltbedingungen kommt Diewald zufolge konzeptionell lediglich noch ein »moderierender Einfluss« (ebd.: 12) auf die Entfaltung der im Genom festgeschriebenen Entwicklungs- und Verhaltenspotenziale zu.[7] Es sei nochmals betont, dass diese Prämissen der Soziogenomik nichts Neues sind. Vielmehr verweisen sie auf Kontinuitäten zur Eugenik des späten 19. Jahrhunderts sowie zur Soziobiologie und Verhaltensgenetik des späten 20. Jahrhunderts (Gould 1978; Rose, Lewontin, Kamin 1984).

---

7 Diewald geht so weit, zu behaupten, »(a)n die Stelle des Schicksals, in die sozialen Verhältnisse einer bestimmten Familie hineingeboren zu werden«, trete »das Schicksal, mit einer bestimmten genetischen Ausstattung geboren zu werden« (2010: 11).

5. Genetische Hierarchie statt sozialer Gerechtigkeit

Begründeten Anlass zu Skepsis und Kritik geben nicht nur die fragwürdigen Wissens- und Wahrheitsansprüche der Soziogenomik, ihre konzeptuellen Mängel, methodischen Schwächen oder der ihr zugrunde liegende genetische Essentialismus. Auch die Ziele, die mit dieser Forschungsrichtung erreicht werden sollen, bedürfen einer kritischen Betrachtung. Wie bereits erwähnt, betonen und beteuern Vertreter*innen der Soziogenomik immer wieder, dass ihre Forschungen nicht darauf ausgerichtet seien, vermeintlich naturgegebene Rangordnungen und Hierarchien zwischen Menschen zu begründen oder gar vermeintlich »minderwertige« Individuen oder Gruppen zu stigmatisieren und auszugrenzen. Angestrebt werde stattdessen mehr soziale Gerechtigkeit und (Chancen-)Gleichheit, indem die Gesellschaft die von der »genetischen Lotterie« verursachten »Nachteile aller Art […] soweit es vernünftig ist, kompensieren« solle (Arslan, Koellinger, Wagner 2019; vgl. auch Harden 2023: 267 ff.).

Vor diesem Hintergrund werden Soziogenomiker*innen nicht müde, sich von früheren Versuchen abzugrenzen, die ebenfalls Genetik und Vererbung in die Sozialwissenschaften und die (Sozial-)Politik einzubeziehen versuchten. Harden geht sogar so weit, die Soziogenomik als ein »antieugenisches Projekt« zu bezeichnen und führt zur Bekräftigung unter anderem an, »eher linke politische Ansichten« zu vertreten (2023: 32, 37) – was in der Geschichte der Eugenik aber keine Seltenheit darstellt. Allerdings sei es, so hebt Harden hervor, gerade um die Gefahren der Eugenik zu bannen, zwingend notwendig, genetische Unterschiede zwischen den Individuen und ihre Auswirkungen ausdrücklich anzusprechen. Es habe daher »nichts mit Eugenik zu tun«, wenn man sagt, »dass manche Menschen, weil sie sich genetisch unterscheiden, es leichter haben, bestimmte Fähigkeiten und Fertigkeiten zu entwickeln« (ebd.: 31). Diese Aussage impliziert faktisch eine Hierarchisierung von Menschen hinsichtlich ihrer genetisch bedingten Möglichkeiten, bestimmte Eigenschaften wie Bildungserfolg, Intelligenz, Risikobereitschaft, aber auch Alkoholismus oder Kriminalität auszubilden. Genau eine solche Hierarchisierung ist aber selbst Harden zufolge der Kern eugenischer Ideologien: »Eugenische Ideologie geht davon aus, dass es eine Hierarchie gibt, bestehend aus wertvollen und weniger wertvollen Menschen; und dass die DNA den intrinsischen Wert einer Person und deren Stellung innerhalb dieser Hierarchie bestimmt« (ebd.: 30). Zwar möchten Soziogenomiker*innen aus den von ihnen für so relevant erklärten genetischen Unterschieden keine direkten, expliziten Schlussfolgerungen über den vermeintlichen »Wert« von Menschen ziehen. Dennoch dürfte es kaum zu vermeiden sein, dass sich eine solche gesellschaftliche Hierarchie herausbildet zwischen den Menschen, die sozial erwünschte Eigenschaften und Fähigkeiten relativ leicht erwerben können, und jenen, die sich angeblich von Natur aus damit schwerer tun.

Gleichwohl mag man den Verfechter*innen der Soziogenomik ihre hehren moralischen und politischen Ziele zugestehen. Vollkommen unbeantwortet bleibt jedoch die Frage, wie sie in kapitalistischen Leistungs- und Wettbewerbsgesellschaften verhindern wollen, dass das Wissen um die angeblich so wirkungsvollen genetischen Unterschiede zwischen Menschen nicht genau jene Diskriminierungseffekte hervorbringt, denen die Erhebung genetischer Daten angeblich gerade entgegenwirken soll. Glauben die Soziogenomiker*innen allen Ernstes, allein der Hinweis auf die *Zufälligkeit* der »natural lottery of genetic inheritance« (Harden 2021: 24), also darauf, dass kein Mensch für seine individuelle genetische Ausstattung »etwas kann« (Arslan, Koellinger, Wagner 2019), reiche aus, um die Betroffenen vor Stigmatisierung und Diskriminierung zu schützen und darüber hinaus sogar gesellschaftliche Solidarität und sozialstaatliche Unterstützungsleistungen für sie zu mobilisieren?

Hinzu kommt eine geradezu sträfliche Vernachlässigung der gesellschaftlichen Kontexte und Implikationen soziogenomischer Forschung und ihrer möglichen Umsetzung: Gänzlich unklar bleibt, wer die erforderlichen genetischen Daten wie und wann erheben und nutzen soll. Bezogen auf das Beispiel des Bildungserfolgs: Sollen sämtliche Kinder vor ihrem Schuleintritt genotypisiert werden, um dann gezielt diejenigen fördern zu können, die eine vermeintlich ungünstige genetische Ausstattung aufweisen? Oder sollen genetische Daten nur von denjenigen erhoben werden, die bereits Schwierigkeiten in der Schule haben? Soll die Genomanalyse obligatorisch sein (wenn ja, auf welcher Rechtsgrundlage?) oder, wie nach gegenwärtiger Rechtslage in Deutschland, einer Zustimmung der Eltern bedürfen?[8] Letzteres würde in jedem Fall bedeuten, dass lediglich die genetischen Profile

---

8 Unter Umständen könnte hier in Zukunft auf eine bei allen Neugeborenen in Deutschland durchgeführte Genomsequenzierung zurückgegriffen werden. Die Rahmenbedingungen für ein solches Screening (zu Gesundheitszwecken) werden momentan bereits erforscht. Das Verbundprojekt »NEW_LIVES« widmet sich mit Mitteln des BMBF seit 2022 der Frage, ob »ein genomisches Neugeborenen-Screening (gNBS) eine sinnvolle Option für Deutschland« sei (Winkler 2023).

von einem geringen Teil der Zielgruppe vorliegen würden – vermutlich von Kindern, deren Eltern sich davon wie auch immer geartete positive Effekte erhoffen.[9] Zudem ist zu fragen: Wer erhebt die hochgradig sensiblen Daten? Wo und wie lange sollen die genetischen Profile aufbewahrt und gegen Missbrauch gesichert werden? Welchen Personen oder Institutionen sollen sie zugänglich gemacht werden: Eltern, Schulbehörden, den jeweiligen Lehrkräften, spezialisierten Betreuungseinrichtungen? Wie immer diese Fragen im Einzelnen beantwortet werden, es dürfte äußerst schwierig, wenn nicht gar unmöglich sein zu verhindern, dass Kinder und Jugendliche mit einem »ungünstigen« genetischen Profil stigmatisiert und diskriminiert werden (Matthews et al. 2021). Ihr geringer Schulerfolg resultiert ja laut Gentest nicht aus unzureichenden Bildungsangeboten, Faulheit oder mangelnder Förderung im sozialen Umfeld – also aus Faktoren, die wenigstens prinzipiell als überwindbar oder partiell korrigierbar angesehen werden können. Folgt man den Behauptungen von Soziogenomiker*innen, so ist die mangelnde Leistungsfähigkeit genetisch Benachteiligter vielmehr »angeboren« und durch eine genetische Ausstattung *verursacht* (*caused*), die in der Regel für unveränderlich gehalten wird. Fast alles spricht deshalb dafür, dass die Feststellung einer genetischen Disposition für geringen Bildungserfolg zu einer selbsterfüllenden Prophezeiung werden würde – und zwar völlig unabhängig von ihrem tatsächlichen Wahrheitsgehalt: Die betroffenen Kinder (und ihre Familien) würden mit Effekten des *stereotype threat* umzugehen haben, sie würden entmutigt und möglicherweise von Mitschüler*innen gemobbt, die Lehrkräfte würden von der Kenntnis der genetischen Daten unbewusst in ihrem Urteil und ihren Bewertungen beeinflusst.

Überdies gibt die statistische Korrelation zwischen genetischen Scores und Schulerfolg keinerlei Aufschluss über körperliche, mentale oder psychische Wirkungszusammenhänge. Daher sind auch die vollmundigen Versprechungen der Soziogenomik von »precison education«, also einem personalisierten, für jedes Kind »maßgeschneiderten« Lehren und Lernen (vgl. dazu Bliss 2018: 192 ff.) bisher völlig auf Sand gebaut. Nach Ansicht von Wissenschaftler*innen aus dem Umfeld des Gene-SOEP sollen die Erkenntnisse

---

9 Im Gene-SOEP haben etwa 58 Prozent der erwachsenen Teilnehmer*innen des Innovation Panel mittels einer Speichelprobe ihre genetischen Daten zur Verfügung gestellt. Bei den Kindern und bis zu 16-jährigen Jugendlichen aus den teilnehmenden Haushalten lag der entsprechende Anteil mit 26 Prozent deutlich niedriger (Koellinger et al. 2021: 9). Dies lässt auf eine spürbare Zurückhaltung selbst von »genetik-affinen« Eltern schließen, genetische Daten ihrer Kinder erheben zu lassen und weiterzugeben.

der Genomanalysen ohnehin eher dazu dienen, Menschen einen ›angemessenen‹ Platz in der Gesellschaft zuzuweisen, der ihren genetisch bedingten Fähigkeiten entspricht:

»Es wäre offenbar ja unverantwortlich und grausam, von einem Kind mit eingeschränkter kognitiver Leistungsfähigkeit soviel [sic!] zu erwarten wie vom begabten Geschwisterkind. Genauso wäre es grausam, jemandem, der mit Mühe den Schulabschluss geschafft [hat,] zu empfehlen, doch zum Softwarearchitekten umzuschulen, wenn seine berufliche Tätigkeit wegautomatisiert wird.« (Arslan, Koellinger, Wagner 2019)

Von besonderer schulischer oder außerschulischer Förderung ist hier gar keine Rede mehr, allenfalls noch von der sozialstaatlichen Kompensation für die geringeren Einkommen genetisch Benachteiligter mit zweitklassigen Arbeitsplätzen. Denn, so behaupten die Autoren: »Schule bildet ohne Zweifel, aber sie kann die Effekte genetischer Unterschiede nicht völlig einebnen.« (Ebd.)

Das Ziel und Ideal, das mit der Feststellung genetischer Unterschiede zwischen Menschen erreicht werden soll, ist laut Harden, »Unterschiede ohne Hierarchie« anzuerkennen (2023: 245 ff.). Allerdings machen schon die gerade zitierten Aussagen von Arslan et al. deutlich, dass es ein Irrglaube ist, anzunehmen, man könne genetische Differenzen als ausschlaggebenden Faktor für unterschiedliche Befähigungen von Menschen markieren, *ohne* damit soziale Hierarchien zu etablieren.[10] Menschen nach ihren genetischen Dispositionen für sozial erwünschte Eigenschaften (kognitive Leistungsfähigkeit etc.) zu kategorisieren (entsprechend der Zuweisung eines niedrigen beziehungsweise hohen polygenic score), ist bereits per se eine Hierarchisierung und Abwertung der genetisch weniger Begünstigten.[11] Dass Soziogenomiker*innen nicht gewillt oder nicht in der Lage sind, diese Implikationen ihrer Forschung wahrzunehmen und angemessen zu reflektieren, ist ein schwerwiegender Einwand gegen diese Art der Forschung, aber auch gegen ihre Versprechen von Gerechtigkeit und der Anerkennung gesellschaftlicher Diversität.

---

10 Hardens moralischer Appell: »Wir sollten zwei Dinge *nicht* verwechseln: ein Ergebnis, das die Gesellschaft als *wertvoll* erachtet, und eine Person, die *schätzenswert* ist« (Harden 2023: 268, Hervorhebungen im Original), nimmt sich demgegenüber bemerkenswert hilflos aus.
11 Vgl. allgemein zum digitalen Scoring als einer neuartigen Form der Statuszuweisung und Ungleichheitserzeugung Mau (2023).

6. Fazit: Mit Technikoptimismus zu neuen alten Gendeterminismen

Soziogenomik stellt den neuesten Versuch dar, genetische Bestimmungsfaktoren für soziale Verhaltensweisen und Eigenschaften aufzudecken sowie ihre Effekte zu quantifizieren und von sozialen Einflüssen abzugrenzen. Dabei behaupten die Soziogenomiker*innen, die Schwächen und Fehlschläge einschlägiger früherer Bemühungen durch die Auswertung riesiger Datenmengen sowie durch neue technische Verfahren wie genomweite Assoziationsstudien (GWAS) und polygene Risikoscores (PGS) überwinden zu können. Die in den vorhergehenden Forschungsansätzen der Verhaltensgenetik oder der Soziobiologie noch paradigmatische Suche nach ursächlichen Genen für bestimmte Merkmalsunterschiede ersetzt die Soziogenomik durch die statistische Korrelation zwischen Millionen minimaler genetischer Variationen und einem Potpourri von Verhaltensvariablen. Feldman und Riskin erkennen darin ein Muster in der Geschichte der einschlägigen Forschung: Das Scheitern der vorherigen Ansätze bildet den Antrieb für immer neue Versuche mit Hilfe immer neuer Technologien. »There's always a new approach waiting in the wings. This time it's ›genome-wide association studies‹ of people‹ ›single-nucleotide polymorphisms‹«. (Feldman, Riskin 2022: 3)

Von ihrem selbstgesetzten Anspruch, mithilfe von GWAS und PGS erstmals die »black box« der biologischen Vererbung von sozialen Eigenschaften und Fähigkeiten öffnen zu können, ist die Soziogenomik allerdings weit entfernt. Überdies ist die (statistische) Vorhersagekraft von PGS, etwa für unterschiedlichen Erfolg von Menschen im Bildungssystem, recht überschaubar. Sie bleibt deutlich hinter derjenigen von sozio-ökonomischen Faktoren wie Schichtzugehörigkeit oder Bildungsabschlüssen der Eltern zurück. Der Anspruch, bildungspolitische oder pädagogische Maßnahmen an solchen Biomarkern auszurichten, kann deshalb nur als unverantwortlich zurückgewiesen werden (Matthews at al. 2021).[12]

Überdies transportiert die Soziogenomik allen Distanzierungen zum Trotz die konzeptionellen Einseitigkeiten und politischen Ambivalenzen verwandter früherer Forschungsansätze weiter mit. Das gilt vor allem für die merkwürdige binäre Gegenüberstellung von Genen und Umwelt sowie für die Vorstellung, die jeweiligen Einflüsse der beiden auf die Herausbildung menschlicher Eigenschaften ließe sich voneinander isolieren und sogar in

---

12 Selbst im Bereich der Medizin und Krankheitsprävention ist die Nutzung von PGS keineswegs unumstritten (GeneWatch UK 2023).

ihren jeweiligen Anteilen exakt beziffern. Vertreter*innen der Soziogenomik (miss-)verstehen die Gene dabei als festen, letztlich unveränderbaren Ausgangspunkt (Diewald 2010) individueller Entwicklung, während sie Umweltfaktoren als weiche, die genetischen Prägungen allenfalls abschwächende oder verstärkende Einflüsse konzipieren. Die vorgebliche Abkehr der Soziogenomik vom genetischen Determinismus und Essentialismus erweist sich damit als bloße Rhetorik. Zwar betonen viele ihrer Protagonist*innen immer wieder, dass auch Umweltfaktoren eine Rolle spielen, doch am Ende sind für sie stets die Gene entscheidend: Sie seien »schicksalhaft für den Lebensverlauf« (Harden 2023: 282) und wichtiger »than everything else put together« (Plomin 2019: 9). Die etwa von Harden (2023: 245) proklamierte Anerkennung sozialer Unterschiede »ohne Hierarchie« ist zwar in der Tat ein wichtiges politisches und gesellschaftliches Ziel. Doch unterminieren und konterkarieren die Soziogenomiker*innen selbst dieses Ziel, indem sie Diversität auf genotypische Unterschiede reduzieren und behaupten, diese seien ausschlaggebend für die Ausprägung sozial erwünschter oder unerwünschter Eigenschaften. Zugleich blenden sie die damit einhergehende Gefahr genetisch begründeter sozialer Hierarchien vollständig aus.

Als treibenden Faktor der mit Versprechungen aufgeladenen soziogenomischen Forschung identifiziert auch Panofsky einen »technologischen Optimismus« (2014: 177). Dieser begründe das Vertrauen der Soziogenomiker*innen darauf, dass aktuelle technologische Erweiterungen es ihnen ermöglichen, die vergangenen Fehlschläge zu überwinden. Die Antwort auf früheres Scheitern lautet daher, »that researchers need to invest more money in higher-resolution technologies and to collect larger samples of research subjects« (ebd.). Die gegenwärtigen Bedingungen der Forschungsförderung lassen in der Tat erwarten, dass künftig erhebliche Mittel und technische Ressourcen für GWAS- und PGS-basierte soziogenomische Forschung mobilisiert werden. Auch die mediale Aufmerksamkeit für derartige Forschung wird vermutlich zunehmen. Überdies umgibt sich die Soziogenomik gerne mit der Aura vermeintlich objektiver, faktengestützter Big-Data-Wissenschaft und verspricht, die Sozialwissenschaften zu verbessern, wogegen genuin soziologische Forschung als einseitig, verzerrt und schlicht falsch abgewertet (Koellinger et al. 2021: 3) und ihre Förderung sogar als »Diebstahl« von Steuergeldern eingestuft wird (Harden 2023: 217). Für manche Sozialwissenschaftler*innen mag es attraktiv erscheinen, auf den Zug der vermeintlich innovativen soziogenomischen Forschung aufzuspringen. Die Soziologie ist deshalb gefordert zu klären, ob sie in der Soziogenomik tatsächlich eine sinnvolle oder gar notwendige Erweiterung bisheriger soziologischer Forschung sehen oder ob sie diese neue Forschungsrichtung und ihre Implikationen eher zum Gegenstand kritischer soziologischer Analyse machen will.[13] Zu dieser überfälligen Debatte möchte unser Beitrag einen Anstoß geben.

Literatur

Arslan, Ruben C. / Koellinger, Philipp D. / Wagner, Gert 2019: Genetische Analysen implizieren keineswegs Unmenschlichkeit – im Gegenteil. Medienbeitrag vom 21. Januar 2019. https://www.diw.de/de/diw_01.c.612066.de/nach richten/genetische_ analysen_implizi…chkeit_im_gegenteil.html, letzter Aufruf am 14. August 2023.

Babb de Villiers, Chantal / Kroese, Mark / Moorthie, Sowmiya 2020: Understanding polygenic models, their development and the potential application of polygenic scores in healthcare. Journal of medical genetics, vol. 57, no. 11, 725–732.

Bird, Kevin A. 2021: No support for the hereditarian hypothesis of the Black-White achievement gap using polygenic scores and tests for divergent selection. American journal of physical anthropology, vol. 175, no. 2, 465–476.

Bliss, Catherine 2018: Social by Nature. The Promise and Peril of Sociogenomics. Redwood City: Stanford University Press.

Burt, Callie H. 2023: Challenging the Utility of Polygenic Scores for Social Science: Environmental Confounding, Downward Causation, and Unknown Biology. Behavioral and Brain Sciences, vol. 46, e207.

Diewald, Martin 2008: Zwillings- und Adoptivkinder-Stichproben als soziologischer Analyse? Zum Ertrag verhaltensgenetischer Ansätze für sozialwissenschaftliche Fragestellungen und Erklärungen. Berlin: DIW.

Diewald, Martin 2010: Zur Bedeutung genetischer Variation für die soziologische Ungleichheitsforschung. Zeitschrift für Soziologie, 39. Jg., Heft 1, 4–21.

Ding, Yi / Hou, Kangcheng / Xu, Ziqi / Pimplaskar, Aditya / Petter, Ella / Boulier, Kristin / Privé, Florian / Vilhjálmsson, Bjarni J. / Olde Loohuis, Loes M. / Pasaniuc, Bogdan 2023: Polygenic scoring accuracy varies across the genetic ancestry continuum. Nature, vol. 618, no. 7966, 774–781.

Feldman, Marcus W. / Lewontin, Richard C. 1975: The heritability hang-up. Science, vol. 190, no. 4220, 1163–1168.

---

13 Einer kritischen Perspektive und Diskussion bedarf es auch deshalb, weil die ersten Firmen (bisher vor allem in den USA) bereits die Berechnung von PGS anhand von Genomdaten als kommerzielle »Direct-to-consumer«-Leistung anbieten – sogar zur Auswahl von Embryonen bei der künstlichen Befruchtung.

Feldman, Marcus W. / Riskin, Jessica 2022: Why Biology Is Not Destiny. The New York Review of Books, April.

Freese, Jeremy 2018: The Arrival of Social Science Genomics. Contemporary Sociology, vol. 47, no. 5, 524–536.

GeneWatch UK 2023: Polygenic risk predictions: health revolution or going round in circles? Cambridge: GeneWatch UK.

Gould, Stephen J. 1978: Sociobiology: the art of storytelling. New Scientist, no. 80, 530–533.

Hahn, Elisabeth et al. 2016: What Drives the Development of Social Inequality Over the Life Course? The German TwinLife Study. Twin research and human genetics: the official journal of the International Society for Twin Studies, vol. 19, no. 6, 659–672.

Harden, Kathryn P. 2021: The Genetic Lottery. Why DNA Matters for Social Equality. Princeton: Princeton University Press.

Harden, Kathryn P. 2023: Die Gen-Lotterie. Wie Gene uns beeinflussen. Bern: Hogrefe.

Harden, Kathryn P. / Koellinger, Philipp D. 2020: Using genetics for social science. Nature human behaviour, vol. 4, no. 6, 567–576.

Herzig, Anthony F. / Clerget-Darpoux, Françoise / Génin, Emmanuelle 2022: The False Dawn of Polygenic Risk Scores for Human Disease Prediction. Journal of personalized medicine, vol. 12, no. 8.

Heslot, Nicolas / Yang, Hsiao-Pei / Sorrells, Mark E. / Jannink, Jean-Luc 2012: Genomic Selection in Plant Breeding: A Comparison of Models. Crop Science, vol. 52, no. 1, 146–160.

Janssens, A. Cecile J. W. 2019: Validity of polygenic risk scores: are we measuring what we think we are? Human molecular genetics, vol. 28, no. R2, R143-R150.

Jensen, Arthur R. 1969: How Much Can We Boost IQ and Scholastic Achievement? Harvard Educational Review, vol. 39, no. 1, 1–123.

Joseph, Jay 2015: The trouble with twin studies. A reassessment of the research in the social and behavioral sciences. New York: Routledge.

Joseph, Jay 2022: A Blueprint for Genetic Determinism. The American Journal of Psychology, vol. 135, no. 4, 442–454.

Joseph, Jay 2023: Schizophrenia and Genetics. The End of an Illusion. New York and London: Routledge.

Kamin, Leon J. 1974: The Science and Politics of I.Q. New York: John Wiley & Sons.

Keller, Evelyn Fox 2010: The mirage of a space between nature and nurture. Durham NC: Duke University Press.

Koellinger, Philipp D. et al. 2021: Cohort Profile: Genetic data in the German Socio-Economic Panel Innovation Sample (Gene-SOEP). bioRxiv, https://www.biorxiv.org/content/10.1101/2021.11.06.467573v1, letzter Aufruf am 28. September 2023.

Krieger, Nancy 2021: Ecosocial Theory, Embodied Truths, and the People's Health. Oxford: Oxford University Press.

Lewontin, Richard C. 2006: The analysis of variance and the analysis of causes. International Journal of Epidemiology, vol. 35, no. 3, 520–525.

Martin, Alicia R. / Kanai, Masahiro / Kamatani, Yoichiro / Okada, Yukinori / Neale, Benjamin M. / Daly, Mark J. 2019: Clinical use of current polygenic risk scores may exacerbate health disparities. Nature genetics, vol. 51, no. 4, 584–591.

Matthews, Lucas J. / Lebowitz, Matthew S. / Ottman, Ruth / Appelbaum, Paul S. 2021: Pygmalion in the genes? On the potentially negative impacts of polygenic scores for educational attainment. Social Psychology of Education, vol. 24, no. 3, 789–808.

Mau, Steffen 2023: Digitale Scorings als Statusmarker. Eine ungleichheitssoziologische Annäherung. Berliner Journal für Soziologie, 33. Jg., Heft 3, 255–287.

Meyer, Michelle N. et al. 2023: Wrestling with Social and Behavioral Genomics: Risks, Potential Benefits, and Ethical Responsibility. Hastings Center Report 53, S2–S49.

Mills, Melinda C. / Tropf, Felix C. 2020: Sociology, Genetics, and the Coming of Age of Sociogenomics. Annual Review of Sociology, vol. 46, no. 1, 553–581.

Morris, Tim T. / Davies, Neil M. / Hemani, Gibran / Smith, George D. 2020: Population phenomena inflate genetic associations of complex social traits. Science advances, vol. 6, no. 16, eaay0328.

Panofsky, Aaron 2014: Misbehaving Science. Controversy and the Development of Behavior Genetics. Chicago: University of Chicago Press.

Penders, Bart / Janssens, A. Cecile J. W. 2022: Do we measure or compute polygenic risk scores? Why language matters. Human Genetics, vol. 141, no. 5, 1093–1097.

Plomin, Robert 2019: Blueprint. How DNA makes us who we are: with a new afterword for the paperback edition. Cambridge, Massachusetts: The MIT Press.

Polderman, Tinca J. C. / Benyamin, Beben / Leeuw, Christiaan A. de / Sullivan, Patrick F. / van Bochoven, Arjen / Visscher, Peter M. / Posthuma, Danielle 2015: Meta-analysis of the heritability of human traits based on fifty years of twin studies. Nature Genetics, vol. 47, no. 7, 702–709.

Rheinberger, Hans-Jörg / Müller-Wille, Staffan 2009: Vererbung. Geschichte und Kultur eines biologischen Konzepts. Frankfurt am Main: Fischer.

Robette, Nicolas / Génin, Emmanuelle / Clerget-Darpoux, Françoise 2022: Heritability: What's the point? What is it not for? A human genetics perspective. Genetica, vol. 150 3-4, 199–208.

Rose, Steven / Lewontin, Richard C. / Kamin, Leon J. 1984: Not in Our Genes. Biology, Ideology and Human nature. New York: Pantheon Books.

Schupp, Jürgen / Wagner, Gert G. 2010: Zum ›Warum‹ und ›Wie‹ der Erhebung von (genetischen) ›Biomarkern‹ in sozialwissenschaftlichen Surveys. Berlin: DIW.

Spiewak, Martin / Bahnsen, Ulrich 2022: Genetik: Die Macht der Herkunft. Mit neuen Methoden erforschen Wissenschaftler, wie stark das Erbgut unser Leben bestimmt – sei es bei Schulerfolg, Karriere, Charakter oder Suchtverhalten. Zeit online, 11. Mai 2022. https://www.zeit.de/2022/20/genetik-dna-erbgut-verhal ten-umfeld-forschung, letzter Aufruf am 26. Oktober 2023.

Spinath, Frank M. 2023: TwinLife – Eine verhaltensgenetische Studie zur Entwicklung von sozialer Ungleichheit, https://www.twin-life.de/studie-twinlife, letzter Aufruf am 6. Juli 2023.

The White House 2000: Human Genome Announcement at the White House. President Bill Clinton's remarks on June 26, 2000, concerning completion of the first survey of the human genome, http://www.genome.gov/10001356, letzter Aufruf am 8. November 2023.

Turkheimer, Eric 2019: The Social Science Blues. Hastings Center Report, vol. 49, no. 3, 45–47.

Winkler, Eva 2023: NEW_LIVES: Genomic Newborn Screening Programs. https://www.klinikum.uni-heidelberg.de/new-lives-genomic-newborn-screening-programs, letzter Aufruf am 31. Oktober 2023.

Wissenschaftsrat 2009: Stellungnahme zum Status und der zukünftigen Entwicklung des Sozio-oekonomischen Panels (SOEP). Berlin, Aachen, 13. November 2009. https://www.wissenschaftsrat.de/download/archiv/9503-09.pdf?__blob=pub licationFile&v=3, letzter Aufruf am 26. Oktober 2023.

SOZIOLOGIE, 53. JG., HEFT 1, 2024, S. 46–59

Re-Orientierungen in der soziologischen Methodenausbildung

Ergänzungen zu einer Debatte aus Sicht der qualitativen Sozialforschung

Tobias Boll, Tobias Röhl, Daniela Schiek

Zwei Bestandsaufnahmen

Jüngst sind in dieser Zeitschrift zwei Beiträge erschienen, die eine Reform der sozialwissenschaftlichen Methodenausbildung fordern (Diekmann 2023; Leitgöb et al. 2023). Für Diekmann und Leitgöb et al. stehen vor allem Entwicklungen wie die der Computational Social Sciences und der Künstlichen Intelligenz, der Datenarchivierung sowie der Einsatz von mehr experimentellen und nicht-reaktiven Erhebungsmethoden (wie etwa Verhaltensspuren oder Geodaten) im Zentrum. Diese spiegeln sich aus der Perspektive der Autor:innen noch viel zu wenig in der Methodenausbildung wider und machten eine Neuausrichtung der Methodenlehre notwendig. In beiden Beiträgen wird ein *cultural lag* diagnostiziert: Die Methodenlehre würde sowohl hinter der gesellschaftlichen Entwicklung im Bereich der digitalen Technologien als auch dem Stand der (quantitativen) Sozialforschung und ihrer Methodenpraxis hinterherhinken (Diekmann 2023). Dazu gehöre zum Beispiel die scharfe Trennung zwischen Erkenntnistheorie, Erhebungsmethoden, Verfahren der Statistik und Analyseverfahren. Sie seien in der Lehre stärker miteinander zu verzahnen, um ihre (da *a priori* festgelegten) linearen Pfadabhängigkeiten zu vermitteln. Ebenso wird eine stärkere Anpassung von Gütekriterien und Lehrstrategien an die aktuellen Entwicklungen vorgeschlagen: Über Spezialisierungen im Bereich der Computational Data Sciences sei nachzudenken, damit Soziologie-Absolvent:innen einer sich entwickelnden Konkurrenz in der Informatik standhalten könnten. Grundsätzlich seien aber die gegenstandsbezogenen und somit auch nicht-algorithmischen und reaktiven Methoden- und Datenfunktionen im Blick zu behalten, was auch verschiedene Forschungsansätze betreffe (Leitgöb et al. 2023).

Wir begrüßen die Initiativen der Kolleg:innen zur Neuorientierung der soziologischen Methodenlehre, zumal sie auch zentrale Anliegen der qualitativen Sozialforschung ansprechen: etwa den Wunsch nach stärkerer Verschränkung der Schrittfolgen im Forschungsprozess oder die Forderung nach der Berücksichtigung gegenstandsangemessener Verfahren und Daten. Für die qualitative Sozialforschung stellen sich darüber hinaus jedoch teils andere Fragen und müssen andere Schwerpunkte gesetzt werden; die in den Beiträgen der Kolleg:innen angesprochenen Probleme beziehungsweise deren Ursachen stellen sich (vor dem Hintergrund anderer sozialtheoretischer Bezüge und Forschungsansätze) anders dar. Das Anliegen dieses Beitrags ist, Herausforderungen für die Lehre empirischer Sozialforschung aus Sicht der qualitativen Sozialforschung in der Diskussion zu ergänzen und Bedarfe und Hürden für Reformen zu zeigen.

Empirische Pfade: Zwischen standardisiertem Rezeptwissen und Gegenstandsorientierung

Jenseits neuer Herausforderungen durch gesellschaftlichen und medientechnischen Wandel liegt eine grundlegende Herausforderung für die Lehre qualitativer Methodenkompetenz bereits in dem Verständnis von »Methodizität«, das der qualitative Forschungsprozess erfordert. So betonen die verschiedenen Spielarten der qualitativen Sozialforschung vor allem die notwendige Offenheit und Flexibilität ihrer Methoden für das Erreichen ihrer Forschungsziele. Um Teilnehmer:innenkonstruktionen nachvollziehen und »Neues« entdecken zu können müssen sich qualitativ Forschende »in neue Richtungen bewegen, an die [sie] früher nicht dachte[n], und in der [sie] ihre Meinung darüber, was wichtige Daten sind, änder[n], wenn [sie] mehr Informationen und ein besseres Verständnis« vom Gegenstand erlangt haben (Blumer 2004: 364). Diese interpretative Offenheit rekonstruktiver Analyseverfahren verlangt Praktizierenden Kontingenztoleranz ab – und damit auch Lehrenden und Studierenden.

Methoden können in der qualitativen Sozialforschung also selten in durchgetaktete Handlungsanweisungen übersetzt und dann als Rezeptwissen ›angewandt‹ werden. Vielmehr müssen sie sich von Studie zu Studie (und teils von Fall zu Fall) neu am Gegenstand ausrichten, an ihn angepasst und an ihm weiterentwickelt werden. Die Güte einer Methode zeigt sich vor allem in ihrer Gegenstandsangemessenheit (Strübing et al. 2018: 86 ff.). Die Lehre steht damit vor der Herausforderung, dass fixe Vorgehensweisen und Entscheidungswege nicht sinnvoll zu vermitteln sind. Es braucht eine Kompetenz im situationsangemessenen Justieren, die sich gegen die Vermittlung als Kanon sträubt. Qualitative Sozialforschung ist ein Handwerk, das *als* Handwerk gelehrt werden muss. Sie muss deshalb vor allem auch in Seminaren, Tutorien und Lehrprojekten unter Anleitung von erfahrenen Forscher:innen im konkreten Tun erfolgen.[1] Mit der dringend gebotenen Verschränkung von Forschung und Lehre tut sich jedoch ein Problem auf: Die Methodenlehre ist im universitären Lehrbetrieb in einem Kontext zeitlicher Rhythmen verortet, der Prozess- und Zielkonflikte erzeugt. Die zeitlichen Logiken von Forschungsprozessen, die der planvollen Akkumulation von Kompetenzen in Curricula, die von Semesterrhythmen etc. sind nicht ohne Weiteres sinnvoll aufeinander abzustimmen. Leitgöb et al. sprechen zudem das Problem der möglichen Verdrängung von »inhaltlichen Lehrangeboten« durch Methodenlehre an, wenn man letztere ausweiten würde (2023: 7). Es könnte eine Lösungsstrategie für qualitative wie quantitativ-standardisierte Methodenlehre sein, Methoden gegenstandsbezogen zu lehren und bei der »inhaltlichen« Lehre Methoden systematisch stets mitzudenken. Gerade in der qualitativen Sozialforschung scheint es ohnehin bestehende Nähen zwischen Phänomenbereichen und Methodologien der Wahl zu geben (die Ethnografie und die Sportsoziologie, Interviewmethoden und die Biografieforschung etc.), auf die produktiv aufgebaut werden könnte.

Diese praktische Schlagseite hat der qualitativen Sozialforschung lange Zeit das Image eingebracht, dass sie nur unter Anleitung der richtigen Persönlichkeiten zugänglich oder bei ihr alles möglich und Qualitätskontrolle nicht wichtig sei. Eine solche Besonderung qualitativer Forschung ist jedoch einer kompetenzenorientierten Lehre genauso wenig zuträglich wie die Vorstellung ihrer einfachen Lehrbarkeit durch Vermittlung festgelegter universeller Vorgehensweisen. Aber auch das völlige Offenlassen eines Kerns an

---

1 So bereits das 2008 veröffentlichte Memorandum des Berliner Methodentreffens sowie SAGW (2010: 21); https://berliner-methodentreffen.de/weiteres-memorandum/, letzter Aufruf am 14. November 2023.

Maximen und Regularien und der Verzicht auf einen Kanon sind insbesondere für Studierende ein Problem. Sie wollen nicht nur die qualitative Forschungslogik nachvollziehen können, sondern lernen, wie sie qualitative Methoden »richtig« anwenden können, um Forschungsziele zu erreichen und Leistungsanforderungen zu erfüllen.

Die Betonung von Lehrforschung und des *learning by doing* kann und darf insofern nicht bedeuten, auf erkenntnistheoretische Grundlagen sowie Methodenvorlesungen und Lehrbücher zu verzichten. So sind qualitativ Lehrende vermutlich die Letzten, die einer von Leitgöb et al. angesprochenen Verschränkung von Theorie, Erhebung und Analyse und dem entsprechenden ganzheitlichen Blick widersprechen wollen. Allein, es fehlt häufig der Platz (= Semesterwochenstunden- und Veranstaltungsumfang) in den Curricula der Soziologie. Wie die Analyse der soziologischen Methodenlehre von Stefan Hirschauer und Laura Völkle (2017) zeigt, haben die Professuren, Studien- und Lehrveranstaltungsprogramme in Deutschland in Bezug auf die Forschungsmethoden (auch dann, wenn sie den Begriff der »qualitativen Methoden« mit sich führen) einen starken Schwerpunkt bei quantitativ ausgerichteten Lehrangeboten. Eine eigene Einführungsvorlesung und ausreichend darauf aufbauende Kurse oder Stunden, um alle Schritte und ihre Verschränkungen untereinander – sowohl theoretisch als auch praktisch – zu vermitteln, sind vielerorts gar nicht vorhanden. Das ist deshalb ein Problem, weil das *Learning* des *Doings* ohne »Theorie« nicht funktioniert beziehungsweise das Navigieren im Feld erst durch über Methodentexte und Vorlesungen vermitteltes sozialtheoretisches Wissen möglich wird. Warum beispielsweise in biografisch-narrativen Interviews ›in Wirklichkeit‹ nicht zwingend durchgängig erzählt wird oder die Kommunikation im Interview wie auch andere Kommunikationen durchaus mühsam erarbeitet und Vieles unterwegs repariert oder ausgehalten werden muss (ohne daraus Panik, ein Scheitern oder gleich eine neue Methode entstehen zu lassen), wissen Studierende umso besser, je mehr sie sich mit Biografietheorie und der Funktionsweise und Struktur von Lebensgeschichten beschäftigt haben. Und um ethnografisch in der Beobachtung der eigenen Gesellschaft etwas sehen zu können, braucht es theoretische Irritationen und begriffliche Verschiebungen, um zu einer »Befremdung der eigenen Kultur« (Hirschauer, Amann 1997) gelangen zu können.

Studierende, die sich mit diesen methodologischen Grundlagen einer Methode auseinandersetzen, können nicht nur die auch von Leitgöb et al. angesprochene Passung zwischen Methoden, Daten und Gegenstand besser einschätzen. Sie wenden sie erfahrungsgemäß auch deutlich sicherer im Feld an, und zwar auch dann, wenn Dinge passieren, die man weder aus Lehrbüchern ableiten noch durch sorgfältige Instruktionen der Lehrenden antizipieren kann. In den meisten Fällen ist aber für diese theoretisch-methodologisch fundierte Vermittlung qualitativer Sozialforschung nicht die Zeit beziehungsweise der Platz im Curriculum. Das birgt neben fehlenden theoretischen Grundlagen für das *Doing* auch noch andere Probleme, was uns zum nächsten Punkt bringt.

Professionalisierung

Trotz der grundsätzlichen Grenzen einer Formalisierbarkeit methodischen Handwerkszeugs und des Unbehagens gegenüber der Verwaltung eines Methodenkanons in der (Lehre der) qualitativen Sozialforschung müssen wir uns fragen, was die Kernelemente einer qualitativen Methodenausbildung sind und zukünftig sein sollen. Ohne einen solchen Konsens über die verschiedenen Hochschulen und Studiengänge hinweg besteht die Gefahr, dass sich einzelne Standorte und gar Kurse in idiosynkratischen Vorlieben verlieren und keine gemeinsame Basis für Studienortwechsel und fachlichen Diskurs mehr gefunden werden kann. So sind qualitativ Lehrende spätestens in Masterstudiengängen häufig mit Lehrsituationen konfrontiert, in denen die Vielfalt an vorhandenem Grundwissen und frappierende Niveauunterschiede das Maß anderer Fach- und Lehrgebiete deutlich übersteigt. Dass das für uns Lehrende frustrierend ist, ist zweitrangig. In erster Linie sind es die Studierenden, die hierunter leiden, und zwar sowohl als Seminardiskutant:innen und Forschungsübende wie auch besonders als Absolvent:innen.

Dies hat zum einen mit der oben genannten curricularen Situation bei der Methodenausbildung und den notwendigen Priorisierungen zu tun. Zum anderen aber fehlt es in der qualitativen Sozialforschung noch vielerorts an verbindlichen Grundsätzen beziehungsweise der Verpflichtung gegenüber eigenen Logiken und Regularien und entsprechender Kanonisierung.[2]

Es ist jedoch für die Professionalisierung des Fachgebiets und damit wiederum für die Methodenausbildung wichtig, Eigenständigkeit zu behaupten und sich zugleich selbst an Regeln und Rollen zu binden, um sich gegenüber

---

2 Vgl. hierzu die Debatte um Gütekriterien der qualitativen Sozialforschung Strübing et al. (2018), Eisewicht, Grenz (2018), Hirschauer et al. (2019).

besonderen sozialwissenschaftlichen Problemstellungen zu verpflichten. Qualitative Sozialforschung begegnet aus dieser Perspektive nicht nur einem Kampf um Deutungsmonopole, sondern auch einem Bedarf an Spezialisierung auf besonderes Wissen und einer entsprechenden spezifischen Problemlösungskompetenz. Studierende müssen vermittelt bekommen, dass sich qualitative Sozialforschung anderen Problemstellungen widmet beziehungsweise diese anders bearbeitet als quantitative Sozialforschung. Dabei hilft eine Einigung auf eigene Grundlagen und Standards und ihre Qualitätskontrolle, auch und gerade in der Methodenausbildung.

Ethno-, Forschungs- und Lehrmethoden: *Cultural Lags*

Auch wir stellen fest, dass die Methodenlehre oft nicht mit den gesellschaftlichen Methoden des Darstellens, Wahrnehmens und Handelns Schritt hält und der Stand der Forschung nur unzureichend einfließt. Dies ist gerade für qualitative Methoden ein erhebliches Problem, weil sich ihre Gegenstandsangemessenheit als Orientierung am Feld beziehungsweise an den Teilnehmer:innenperspektiven konstituiert und ein zentrales Gütekriterium darstellt. Dies betrifft auch und gerade die Entwicklung der digitalen Technologien und des Umgangs mit Forschung zur Corona-Pandemie, wie sie Leitgöb et al. und Diekmann in den Fokus rücken. Zuletzt haben Schiek, Schindler und Greschke (2022) in dieser Zeitschrift darauf aufmerksam gemacht, dass qualitative Sozialforschung ihre Kompetenz darin sieht, Wissen über das soziale Handeln mit Maschinen und virtuell generierten Informationen bereit zu stellen. Wir möchten nun mit Blick auf die Beiträge von Leitgöb et al. und Diekmann diesen Punkt gern noch einmal stark machen. Denn aus unserer Perspektive ergeben sich auf den ersten Blick noch grundlegende Probleme beim dort geforderten Einbezug oder gar der Spezialisierung auf die neuen Daten beziehungsweise neue Generierungs- und Analysetechniken:

Auch in der qualitativen Methodenausbildung gibt es den Bedarf, sich stärker mit »kleineren und flexibleren Formaten wie digitale[n] Handbücher[n] oder Tutorials nicht nur in der Forschung, sondern auch in der Lehre« als »zeitgemäßen Alternativen« zu beschäftigen (Leitgöb et al. 2023: 334). Müssten wir uns hierzu aber nicht zuerst einmal empirisch mit den

Funktionen und Wirkungen bestimmter Lernstrategien befassen? So zeichnet sich in der Bildungsforschung ab, dass digitale Lernformate vor allem dort funktionieren, wo sie Lehrende nicht ersetzen, sondern unterstützen (Petko 2014). Das sind Nachrichten, die wir aufzunehmen haben, bei denen wir aber auch selbst in der Pflicht sind, empirisches Wissen darüber zu generieren, wie in der Soziologie gelernt und welches Wissen von unseren Studierenden aufgebaut wird. Ebenso muss sich auch in der qualitativen Methodenlehre intensiver mit Online-Erhebungen und der Analyse internetbasierter Daten befasst werden, weil es in der Forschungspraxis längst dazugehört oder sich einige sogar darauf spezialisiert haben. Das heißt auch, sich damit zu beschäftigen, was mediatisierte Verständigung aus der Sicht der Gesellschaftsmitglieder bedeutet. In der internationalen Debatte findet ferner eine Hinwendung zu digitalen Methoden statt, die über eine einfache Übertragung bewährter Methoden ins Digitale hinausgeht und sich die mediale Eigenlogik digitaler Medien zunutze macht – etwa indem Likes und Verlinkungen auf Social Media zum Datum der Forschung werden (Marres 2017).

Zwei weitere Punkte schließen hier aus unserer Sicht direkt an: zum einen die Frage, was soziologische Kernkompetenzen sein sollen, und zum anderen, ob sich gesellschaftliche Entwicklungen wirklich »ablösen« und es somit Methoden(-spezialisierungen) auch tun sollten.

Grundlagen- versus ›Erweiterungskompetenzen‹

Für die qualitative Sozialforschung stellt sich die Anforderung, neue Lehrinhalte zu integrieren, nicht so einfach dar. Dies hat erneut mit der wiederholt erwähnten curricularen ›Platzangst‹ zu tun: Qualitativ Lehrende müssen sich oft zwischen Grundlagen und neueren Entwicklungen entscheiden und können nicht sowohl die Grundlagen einer Methode als auch in weiteren Kursen neuere Varianten tiefergehend vermitteln. Wir wollen betonen, dass es sich hier um Grundlagen- und Erweiterungskompetenzen handelt, die es zu vermitteln gilt. Allein: Es fehlt der Platz und im Zweifel sind dann die Grundlagen wichtiger und so kommt es also durchaus auch aus sinnvollen Gründen zu einem *lag* in der Lehre.

Diese Unterscheidung in Grundlagen- und Erweiterungskompetenzen ist wichtig, da wir eine andere Diagnose stellen als Leitgöb et al., die befürchten, dass die Kernkompetenz zur Generierung von Wissen über soziologische Tatbestände (an andere Wissenschaften) verloren geht, und sich deshalb den neuen Technologien stärker zuwenden wollen. Das »analoge« Handeln der Gesellschaftsmitglieder ist aber nicht vorbei. Wir gehen nicht davon aus, dass die Soziologie ihr Potential, Soziales nachzuvollziehen, mit den bisher vorhandenen Methoden(-kompetenzen) schon ausgeschöpft und ihre diesbezüglich besten Jahre durch Digitalisierung nun hinter sich hat. Gesellschaft und Sozialität vollziehen sich mittlerweile auch digital – aber eben längst nicht ausschließlich. Wir würden daher der »Verlust«-Perspektive auch und gerade gegenüber Studierenden ein »Lassen Sie uns anfangen!« entgegensetzen. Dafür brauchen wir aber die Vermittlung von Grundlagen des empirischen Erkenntnisgewinns.[3]

Dies ist umso wichtiger, als es aus der Sicht der qualitativen Sozialforschung zentral ist, sich nicht auf das nun verlockend große Angebot ›ohnehin‹ verfügbarer Daten und künstlich intelligenter Verfahren zu verlassen. Beispielsweise ist es für qualitative Forscher:innen wesentlich, nicht von ›natürlichen‹ Daten und Spuren auf die tatsächlichen Handlungsmotive zu schließen.[4] Für sie stellt sich eher die Frage, wie sich Handlungen in ihren Kontexten rekonstruieren lassen, und sie wollen sich dabei nicht allein auf Selbstdokumentationen oder andere nicht-reaktiv generierte Prozessdaten verlassen. Empirische Sozialforscher:innen müssen auch selbst Daten generieren und auswerten.

›Große‹ und ›kleine‹ Daten

In Zeiten relativ leicht verfügbarer Daten und Datenanalysen, wie sie im Zusammenhang von KI und Big Data vermehrt relevant werden, ergeben sich für die qualitative Sozialforschung neue Möglichkeiten und Herausforderungen – auf der Ebene der Datenerhebung wie der -analyse.

Mehrere Gründe sprechen dafür, in Zeiten von *Big Data* und anderen bereits vorliegenden ›natürlichen‹ Datenmengen das Handwerk der Daten-

---

3 Die sich allerdings nicht immer so leicht in ›alt‹ und ›neu‹ oder ›analog‹ und ›digital‹ einteilen lassen.

4 Wie dies Diekmann etwa in Bezug auf etwa Geodaten zu den Erwerbsorientierungen von Frauen vorschlägt.

erhebung (genauer: -generierung) Studierenden als zentrale Fähigkeit zu vermitteln. Zwar kann die qualitative Sozialforschung auf eine lange Tradition und Erfahrung im Umgang mit »natürlichen Daten« zurückgreifen. Ihre Stärke als *empirische* Sozialforschung liegt aber genauso im eigenen Generieren von Daten als einem wesentlichen Teil ihrer Methodologie. Soziologische Fragestellungen müssen *andere* sein als gesellschaftliche Problemstellungen und wir werden deshalb immer auch andere ›Daten‹ brauchen als die Gesellschaft selbst über sich anfertigt. Gleich mehrere – miteinander zusammenhängende – Gründe sprechen dafür, die Datengenerierung als soziologische Methodenkompetenz zu kultivieren und zu vermitteln:

1. Der Begriff der Datenerhebung ist irreführend. Daten sind nicht etwas, das wir im ›Erdreich‹ der sozialen Welt vorfinden und bergen müssen, sondern sind selbst Teil der Gegenstandskonstruktion.[5] Dementsprechend muss man bei der Übernahme vorliegender Daten stets mitführen, dass sie einen selektiven Zugriff auf den Gegenstand darstellen. Diesem Zugriff liegen Annahmen über den Gegenstand zugrunde, die ihn figurieren. Wer Social-Media-Daten nutzt, bewegt sich beispielsweise zwangsläufig in der »soziale[n] Logik de[r] Likes« (Paßmann 2018). Will man solche Annahmen methodisch kontrollieren oder mit ihnen brechen, kann man dies unter anderem über die Generierung eigener Daten tun.

2. Soziale Tatbestände und soziologische Problemstellungen sind nicht nur solche, die die Gesellschaft so dokumentiert, dass wir es massenhaft quasi im Vorbeigehen registrieren, archivieren und analysieren können. Würden wir dies tun, würden wir gesellschaftlichen Entwicklungen direkt nachfolgen, statt sie zu re-konstruieren. Dass wir uns heute zum Beispiel nicht einfach auf eine Parkbank setzen und mit jedem beliebigen Gemeindebewohner über Arbeitslosigkeit sprechen, sondern dieses Thema gegebenenfalls in einem Interview ersatzweise fokussieren können, ermöglicht uns, das Problem der Arbeitslosigkeit auch dann empirisch im Blick zu behalten, wenn es im fortgeschrittenen Kapitalismus nicht mehr so skandalisiert wird, wie noch zu Zeiten der Marienthal-Studie oder in den 1980er- und 1990er-Jahren. Es setzt aber eine fundierte Kenntnis in diesen beziehungsweise in allen (und somit auch den ›herkömmlichen‹ Methoden) voraus. Zumal:

---

5 Dies gilt selbstredend in gleichem Maße für die quantitative Sozialforschung.

3. Hochwertige qualitative Daten zu generieren, ist eine höchst anspruchs-
   volle Aufgabe, die nicht (nur) als Rezeptwissen vermittelt werden kann,[6]
   sondern auch als *Praxis* vermittelt werden muss. Umso wichtiger ist es,
   ihr genug Platz in der Methodenausbildung einzuräumen. So wissen wir
   zwar aus Analysen der Curricula (Hirschauer, Völkle 2017), dass die
   quantitative Methodenausbildung einen deutlichen Schwerpunkt bei der
   Statistik hat, und verstehen, welche Chancen, aber auch Probleme sich
   hieraus mit Blick auf die Entwicklung digitaler Technologien und der
   Konkurrenz gegenüber anderen Disziplinen ergeben. Für uns gibt es allerdings noch Einiges zu tun, was die Fundierung und professionelle
   Ausbildung in den Erhebungsmethoden betrifft. Die verloren geglaubte
   Kompetenz in der Entwicklung empirischen Wissens ist daher vielleicht
   nicht ›einfach weg‹, sondern könnte zurückgeholt werden.
4. Bereits in der Debatte um die Archivierung und Nachnutzung qualitativer Daten ist verschiedentlich darauf hingewiesen worden, dass die qualitative Sozialforschung besonderen Wert auf die Kontextualisierung
   ihrer Daten legt und die Involvierung der Forschenden bei ihrer Genese
   hervorhebt (siehe etwa die Beiträge in Bambey et al. 2018). Einer Trennung von Datengenese und ihrer Analyse sind deshalb ohnehin Grenzen
   gesetzt. Denn bei der Nutzung von Daten Dritter verfügen wir nur über
   einen begrenzten Einblick in deren kontextgebundene Genese. Dies lässt
   sich auch durch sorgfältige Bereitstellung von Metadaten und Kommen-
   taren nur bedingt einholen.

Die kommerzielle wie politische Aus- und Verwertung großer Mengen an
digitalen Daten tritt mit dem Anspruch auf, ohne theoretische Modelle und
Konzepte rein korrelationistisch die Welt erklären zu können (Boyd, Crawford 2012). Dem ist entgegenzuhalten, dass ›gute‹ sozialwissenschaftliche
Forschung die theoretisch induzierte Perspektivität ihrer Analysen stets mit-
denken muss, um einem naiven »Hurra-Empirismus« (Hitzler 1994) entge-
genzuwirken. In der Methodenausbildung ist deshalb auf die enge Verbindung von theoretischen Annahmen, methodischem Zugriff und der Konstitution des Gegenstands hinzuweisen. Gerade die qualitative Sozialforschung
kann hier als Korrektiv auftreten, denkt sie Theorie und Empirie doch in
enger Verbindung zueinander (Kalthoff, Hirschauer, Lindemann 2008).

---

6 Auch wenn das – nicht nur – von Studierenden immer wieder angefragt wird.

Gleichzeitig ergeben sich neue Möglichkeiten, interpretative Verfahren mit Unterstützung von maschinellem Lernen durchzuführen (Schäffer, Lieder 2023) und Zusammenfassungen von codierten Segmenten erstellen zu lassen (etwa in der neuesten Version von MAXQDA). Zu klären bleibt, inwiefern Forschende hier interpretative und analytische Tätigkeiten an Maschinen abgeben können: Einerseits muss weiterhin gelten, dass Interpretationen und Analysen intersubjektiv nachvollziehbar bleiben – die Blackbox algorithmischer Systeme erlaubt dies nur bedingt. Andererseits muss Raum bleiben für menschliche Kreativität und abduktives Schließen, da sonst die Gefahr droht, dass KI-Systeme die immer gleichen konventionalisierten Lesarten und gesellschaftlichen Stereotype wiederholen (»algorithmic bias«; Akter et al. 2021). Gleichwohl sind die menschlichen Interpret:innen schon immer auf Hilfsmittel aller Art angewiesen: auf konventionelle Lesarten im Medium Sprache, auf Interpretationsgruppen, auf bewährte Prozeduren und Techniken, auf Aufzeichnungs- und Verschriftlichungsmedien) und so weiter (Hirschauer 2001; Kalthoff 2013; Schindler, Schäfer 2021. Insofern war auch in der qualitativen Sozialforschung die Leistung der menschlichen Forschenden stets abhängig von Technik im weitesten Sinne. Studierende müssen lernen, diesen Spagat zwischen technischen Hilfsmitteln und eigener Interpretationsleistung so zu meistern, dass sie als »humans on the loop« (Mellamphy 2021) Verantwortung für die Analyse behalten und übernehmen.

Gerade vor dem Hintergrund des Versprechens einer Datafizierung der Welt müssen wir Studierenden unseres Fachs die Fähigkeiten mitgeben, sich mit der Datenflut und der Analyse durch nicht-akademische Expert:innen auseinanderzusetzen. Dies erfordert einerseits Kompetenzen, die bereits jetzt zum Handwerkszeug der (qualitativen) Methodenausbildung gehören – etwa interpretative Sensibilität, die Kontextualisierung von Daten und das kritische Hinterfragen des Zusammenhangs von Repräsentation und Welt. Andererseits gilt es spezifischer, den »trust in numbers« (Porter 1996) der *data sciences* etwas entgegenzusetzen. Hierzu bieten *critical data studies* (Kitchin, Lauriault 2014) Anknüpfungspunkte für die Ausbildung einer »data infrastructure literacy« (Gray et al. 2018). Mit ihr kommt nicht nur die Aussagekraft von Daten in den Blick, sondern auch die Infrastrukturen, die ökonomischen Zusammenhänge und die algorithmischen Mechanismen, die das Zustandekommen der Daten und ihrer Analyse verständlich machen.

Der Wert einer fundierten sozialwissenschaftlichen Methodenausbildung – ganz gleich ob quantitativ oder qualitativ – liegt in diesem Sinne gerade darin, Ergebnisse einordnen und interpretieren sowie mit anderen Analysen und Indikatoren in Beziehung setzen zu können. Statt einer epistemologisch recht naiven »mechanischen Objektivität« (Daston, Galison 2007), brauchen wir Absolvent:innen, die ein »geschultes Urteil« über einen Sachverhalt abgeben können.

Fazit

Wir haben in diesem Beitrag einige Ergänzungen zur Diskussion der Herausforderungen soziologischer Methodenlehre aus Perspektive der qualitativen Sozialforschung gemacht, Erweiterungen der Problemdefinition vorgeschlagen und Desiderate identifiziert, die Herausforderungen für die Realisierung notwendiger Re-Orientierungen darstellen. Damit soll nun jedoch keinesfalls alles gesagt sein: Unser Beitrag soll keinen qualitativen ›Schlusspunkt‹ setzen. Vielmehr betrachten wir unser Vorhaben als gelungen, wenn unsere Ergänzungen ein kommunikativer Zug in einer weitergehenden produktiven Verständigung zwischen allen werden, die sich in der Lehre soziologischer Methoden engagieren. Jenseits der Frage, was eine fundierte Methodenausbildung in quantitativer oder qualitativer Methodologie – grundsätzlich, aber auch in Anbetracht jüngster und sich abzeichnender gesellschaftlicher Entwicklungen – braucht, steht für uns fest: Für eine fundierte *soziologische* Methodenausbildung bedarf es quantitativer *und* qualitativer Anteile und ihrer gleichberechtigten und ausgewogenen sowie planvoll abgestimmten Vermittlung.

Literatur

Akter, Shahriar / McCarthy, Grace / Sajib, SShahriar / Michael, Katina / Dwivedi, Yogesh K. / D'Ambra, John / Shen, Kathy Ning 2021: Algorithmic bias in data-driven innovation in the age of AI. International Journal of Information Management, vol. 60, 102387.

Bambey, Doris et al. 2018: Archivierung und Zugang zu qualitativen Daten. Berlin: Rat für Sozial- und Wirtschaftsdaten (RatSWD).

Blumer, Herbert 2004: Der methodologische Standort des Symbolischen Interaktionismus. In Jörg Strübing / Bernt Schnettler (Hg.), Methodologie interpretativer Sozialforschung: Klassische Grundlagentexte. Konstanz: UVK, 319–385.

Boyd, Dana / Crawford, Kate 2012: Critical questions for big data. Provocations for a cultural, technological, and scholarly phenomenon. Information, Communication & Society, vol. 15, 662–679.

Daston, Loraine / Galison, Peter 2007: Objektivität. Frankfurt am Main.: Suhrkamp.

Diekmann, Andreas 2023: Neuorientierung der Methoden-Ausbildung. SOZIOLOGIE, 52. Jg., Heft 3, 68–71.

Eisewicht, Paul / Grenz, Tilo 2018: Die (Un)Möglichkeit allgemeiner Gütekriterien in der Qualitativen Forschung – Replik auf den Diskussionsanstoß zu »Gütekriterien qualitativer Forschung« von Jörg Strübing, Stefan Hirschauer, Ruth Ayaß, Uwe Krähnke und Thomas Scheffer. Zeitschrift für Soziologie, 47. Jg., Heft 5, 364–373.

Gray, Jonathan / Gerlitz, Carolin / Bounegru, Liliana 2018: Data infrastructure literacy. Big Data & Society, vol. 5, no. 2, 1–13.

Hirschauer, Stefan 2001: Ethnografisches Schreiben und die Schweigsamkeit des Sozialen. Zeitschrift für Soziologie, 30. Jg., Heft 6, 429–451.

Hirschauer, Stefan / Amann, Klaus (Hg.) 1997: Die Befremdung der eigenen Kultur. Frankfurt am Main: Suhrkamp.

Hirschauer, Stefan / Strübing, Jörg / Ayaß, Ruth / Krähnke, Uwe / Scheffer, Thomas 2019: Von der Notwendigkeit ansatzübergreifender Gütekriterien. Eine Replik auf Paul Eisewicht und Tilo Grenz. Zeitschrift für Soziologie, 48. Jg., Heft 1, 92–95.

Hirschauer, Stefan / Völkle, Laura 2017: Denn sie wissen nicht, was sie lehren: »Empirische Sozialforschung« als Etikettenschwindel. SOZIOLOGIE, 46. Jg., Heft 4, 417–428.

Hitzler, Ronald 1994: Wissen und Wesen des Experten. Ein Annäherungsversuch. In Ronald Hitzler / Anne Honer / Christoph Maeder (Hg.), Expertenwissen. Die institutionalisierte Kompetenz zur Konstruktion von Wirklichkeit, Opladen: Westdeutscher Verlag, 13–31.

Kalthoff, Herbert, 2013: Field notes: ethnographic writing reconsidered. Distinktion. Journal of Social Theory, vol. 14, no. 3, 271–283.

Kalthoff, Herbert / Hirschauer, Stefan / Lindemann, Gesa (Hg.) 2008: Theoretische Empirie. Zur Relevanz qualitativer Forschung. Frankfurt am Main: Suhrkamp.

Kitchin, Rob / Lauriault, Tracey 2014: Towards Critical Data Studies: Charting and Unpacking Data Assemblages and Their Work. The Programmable City Working Paper 2.

Leitgöb, Heinz / Petzold, Knut / Wolbring, Tobias / Blom, Annelies G. 2023: Zur Neuorientierung der soziologischen Methodenausbildung. Weiterführende Überlegungen. SOZIOLOGIE, 52. Jg., Heft 3, 300–339.

Marres, Noortje 2017: Digital Sociology. The Reinvention of Social Research. New York: John Wiley & Sons.

Mellamphy, Nadita Biswas 2021: Humans »in the Loop«?: Human-Centrism, Posthumanism, and AI. Nature + Culture, vol. 16, no. 1, 11–27.

Paßmann, Johannes 2018: Die soziale Logik des Likes: Eine Twitter-Ethnografie. Frankfurt am Main: Campus.

Petko, Dominik 2014: Einführung in die Mediendidaktik: Lehren und Lernen mit digitalen Medien. Weinheim: Beltz.

Porter, Theodore M. 1996: Trust in Numbers: The Pursuit of Objectivity in Science and Public Life. Princeton, NJ: Princeton University Press.

SAGW Schweizerische Akademie der Geistes- und Sozialwissenschaften (Hg.) 2010: Manifest zur Bedeutung, Qualitätsbeurteilung und Lehre der Methoden qualitativer Sozialforschung. Bern: SAGW Eigenverlag. https://sagw.ch/sagw/ aktuell/publikationen/details/news/methoden-qualitativer-sozialforschung-ma nifest, letzter Aufruf am 2. November 2023.

Schäffer, Burkhard / Lieder, Fabio Roman 2023: Distributed interpretation – teaching reconstructive methods in the social sciences supported by artificial intelligence. Journal of Research on Technology in Education, vol. 55, no. 1, 111–124.

Schiek, Daniela / Schindler Larissa / Greschke, Heike 2022: Qualitative Sozialforschung in Krisenzeiten: Fachgebiet oder Notprogramm? SOZIOLOGIE, 51. Jg., Heft 1, 20–31.

Schindler, Larissa / Schäfer, Hilmar 2021: Practices of Writing in Ethnographic Work. Journal of Contemporary Ethnography, vol. 50, no. 1, 11–32.

Strübing, Jörg / Hirschauer, Stefan / Ayaß, Ruth / Krähnke, Uwe /Scheffer, Thomas 2018: Gütekriterien qualitativer Sozialforschung. Ein Diskussionsanstoß. Zeitschrift für Soziologie, 47. Jg., Heft 2, 83–100.

SOZIOLOGIE, 53. JG., HEFT 1, 2024, S. 60–75

Probabilistische Wirklichkeitsmodelle und soziologische Intelligenz[1]

Richard Groß

1. ChatGPT als soziologisches Ereignis

Ende 2022 etwa entspann sich in der auf Twitter versammelten geistes- und sozialwissenschaftlichen Öffentlichkeit im Zusammenhang mit dem Release von *ChatGPT* – einem sogenannten *Large Language Model* (LLM) – eine unterhaltsame Debatte. Unter anderem ging es um die Frage, wie die universitäre Lehre darauf reagieren solle, dass eine Seminararbeit nun von einem algorithmischen Sprachmodell auf so zufriedenstellende Weise automatisch generiert werden könne, dass sich Studierende die eigene Arbeit an derartigen Prüfungsleistungen in Zukunft vermutlich sparen könnten (etwa Lepenies 2022) – und womöglich sollten, wie Slavoj Žižek pointiert kommentierte. Automatisch erzeugte Hausarbeiten würden dann bestenfalls ebenso automatisch bewertet, das ohnehin nicht selten skeptisch betrachtete System der Benotung in der akademischen Lehre wäre vollends erledigt, und in Seminaren hätten Dozierende und Studierende – von lästigen Pflichten entbunden – endlich die Gelegenheit zum allein auf das Wesentliche gerichteten Diskurs (Žižek 2023).

Schon kurz im Anschluss an diese Spekulationen zeigten öffentlich dokumentierte journalistische Selbstversuche, dass die Fähigkeiten von zeit-

1 Ich möchte mich bei Jakob Claus und Gereon Rahnfeld herzlich für ihr wertvolles Feedback zu Entwurfsfassungen dieses Aufsatzes bedanken. Ebenso danke ich Dirk Baecker für zahlreiche instruktive Anmerkungen im Zuge der redaktionellen Bearbeitung des Manuskripts. Jan Wetzels Initiative und Engagement verdanke ich schließlich, dass es zu diesem Text überhaupt gekommen ist.

genössischer Textgenerierungssoftware wie *ChatGPT* zwar nicht unterschätzt, aber vermutlich auch nicht überschätzt werden sollten. Die Texterzeugnisse des Sprachmodells schienen in etwa das Niveau mittelmäßiger Seminararbeiten zu erreichen (Cao 2023). Zudem erwies sich ein wesentlicher Kritikpunkt an den vorigen Releases der *GPT*-Reihe seit 2018 noch immer als stichhaltig: LLMs hätten die Tendenz zur ›Halluzination‹ vermeintlicher Fakten und würden also Tatsachen (Ereignisse, Publikationen, Autor:innen) erfinden, ohne dies kenntlich zu machen – und ohne zu einer solchen Kenntlichmachung prinzipiell überhaupt fähig zu sein.[2] Schon aus diesem Grund wirkt ihr akademisches Einsatzpotenzial letztlich überschaubar, zumindest jenseits von Plagiatsversuchen.

Dennoch möchte ich in diesem Beitrag ausgehend von ChatGPT eine soziologische Erörterung von LLMs versuchen und dabei sozialtheoretisch relevante und in mancherlei Hinsicht herausfordernde Aspekte einer Soziologie maschinellen Lernens im weiteren Sinne herausarbeiten. Denn womöglich – so meine Vermutung – ging es in den Diskussionen um mehr als nur Fragen zum Umgang mit Plagiaten. Dies könnte jedenfalls ein Blick in die jüngere Vergangenheit des Diskurses um KI nahelegen.

1996 sorgte das Duell zwischen dem amtierenden Schachweltmeister Garri Kasparow und IBMs Schachcomputer *Deep Blue* für eine mindestens vergleichbare mediale Resonanz wie das Release von *ChatGPT*. Als es schließlich kam, wie es kommen musste, und *Deep Blue* die erste Partie des Aufeinandertreffens gewann, war die Sensation vollbracht: Erstmals hatte ein Computer einen Großmeister des Denksports schlechthin geschlagen.[3] Dieses Ereignis nahm Jean Baudrillard zum Anlass für eine anthropologische Reflexion. Für ihn markierte der ›Triumph der KI‹ über den Menschen‹ in erster Linie eine menschliche Selbstbegegnung, in der sich verschiedene Wünsche, Ängste und Begierden sublimieren (Baudrillard 2012). Die Beteiligten seien gefangen in ihrem merkwürdigen Bestreben danach, ein Double ihrer selbst zu erzeugen, das ihnen überlegen ist (vgl. Baudrillard 2002: 161). Ihnen entgehe dabei, dass sie sich so auf ein Spiel eingelassen haben, das sie nur verlieren könnten: »[I]f you become technically correct,

---

2 Auch für das wenige Monate später im März 2023 veröffentlichte Nachfolgemodell GPT-4 (beziehungsweise ChatGPT Plus als Bezeichnung des Interfaces) und diesem folgenden zukünftigen GPT-Iterationen ist nichts anderes anzunehmen, weil das Problem grundlegend die modellinterne Informationsverarbeitung betrifft (Bender 2023).

3 Für die dramaturgische Pointe war unerheblich, dass es sich nur um die erste Partie handelte und Kasparow letztlich mit 4:2 gewann. Bis zu einem ›echten‹ Wettkampfsieg unter Turnierbedingungen sollte es dann noch ein Jahr dauern.

you are unfailingly beaten by the machine«, schreibt Baudrillard(ebd.: 163). Man verliere unbedingt, obwohl und gerade weil man sich immer mehr der Maschine angleiche. Und damit werde zugleich auch das Spielen seines Wesens beraubt – und mithin die Spieler:innen ihres Sinns dafür, worum es im Spiel (»Play«) geht: einen Modus des Umgang mit den erwähnten Wünschen, Ängsten und Begierden, der im besten Fall sogar Spaß macht. Dass es im Spiel wesentlich auf Illusionen, Finten, falsche Fährten und Andeutungen ankommt, die herausfordern und verführen (ebd.: 162), heißt im Umkehrschluss, dass Maschinen nie wussten (und vermutlich niemals wissen oder gar ›erleben‹ werden), was *Spielen* wirklich heißt. Weder zu Freude noch Leiden fähig, blieben Maschinen nur – verzweifelt anmutende – Versuche, dies zu simulieren, etwa durch bewusst herbeigeführte (Rechen-)Fehler (ebd.: 164 f.).

Baudrillards Einlassungen zu *Deep Blue* verdeutlichen, in welchem Maße Verständnisse technischer Entwicklungen von deren öffentlichkeitswirksamer dramatischen Inszenierung[4] abhängen und Projektionen unterliegen, die – eben als Elemente (allzu) menschlicher Sozialität – Wünsche, Ängste, Fantasien und Hoffnungen in sublimierter Form mitkommunizieren. Dies gilt wohl insbesondere für sogenannte Künstliche Intelligenz (KI), die als variables *moving target* immer wieder neu und dabei zumeist durch den Vergleich mit als menschlich verstanden Fähigkeiten bestimmt worden ist (Muhle 2023, Fazi 2021). Es ist deshalb naheliegend, auch die seit 2022 anhaltende Diskussion um *ChatGPT* mitsamt solcher Interventionen wie der Žižeks unter diesen Vorzeichen zu lesen. Žižeks Text erinnert indes in seiner kontraintuitiven Pointe als diskursiver Querschläger wohl nicht ganz zufällig an Baudrillards Beitrag von vor 30 Jahren. Mit Baudrillard könnte auch jede soziologische Auseinandersetzung mit *ChatGPT*[5] daraufhin befragt werden, auf welches Spiel sie sich mit ihrer jeweiligen Problemperspektive einlässt und was diese womöglich übersieht. Dass *ChatGPT* Angst vor unsichtbaren Plagiatswellen ebenso wie Hoffnung auf Entlastung von ohnehin wenig nützlichen Pflichten zu evozieren scheint, sagt jedenfalls ebenso viel (wenn nicht mehr) über die gesellschaftliche Situiertheit der Autor:innen hinter den Positionen aus, wie es etwas über die tatsächlichen Fähigkeiten von LLMs mitteilt.

---

4 Vgl. Binder (2021) für eine Fallstudie des »Social Drama« um den Sieg des von Google entwickelten Go-Programms *Alpha Go* gegen den Weltklassespieler Lee Sedol im Jahre 2016, gewissermaßen die Neuauflage von Kasparow vs. Deep Blue,
5 Oder anderen Formen von maschinellem Lernen als gegenwärtig dominanter Form von KI.

Das Engagement von Soziolog:innen im geschilderten Fall hat vermutlich nicht zuletzt etwas mit ihrer Situiertheit im spezifischen Kontext der Debatte um Autor:innenschaft zu tun. Soziolog:innen stehen als Autor:innen mit dem eigenen Namen für die von ihnen verfassten Texte ein und sind ebenso verantwortlich für die Begutachtung von Texten anderer Autor:innen. Die Problematisierung von Autor:innenschaft durch *ChatGPT* kann daher als soziologisch brisante Angelegenheit verstanden werden, einerseits als Anlass zur Reflexion über das, was Soziolog:innen ihre Arbeit nennen: überwiegend als kognitive beziehungsweise ›geistig‹ verstandene Tätigkeiten. Andererseits stellt sie auch für die soziologische Theorie eine Herausforderung dar, indem sie etwa auf womöglich neue Weise Probleme der Zurechnung von Handlungen (und mithin Verantwortung) wie auch der Genese von Wissen und Kommunikation thematisch macht (ausführlicher Groß, Jordan 2023). In diesem Beitrag möchte ich eine Reaktion auf letzteren Aspekt versuchen. Mit Fokus auf LLMs wie *ChatGPT* werde ich im Rahmen einer sozialtheoretischen Exploration maschinellen Lernens (ML) den Wirklichkeitsbezug algorithmischer Modelle wie auch deren probabilistische Operationsweise und soziale Funktion diskutieren. Auf dieser Basis werde ich abschließend einen Vorschlag zur Charakterisierung der Beziehung von Soziologie und ML unterbreiten.

2. Über die automatische Erzeugung von Texten

Für die soziologische Annäherung an maschinelles Lernen bietet sich eine Reflexion der stochastischen Erfassung gesellschaftlicher Wirklichkeit an, schließlich meint ML meist die algorithmische Modellierung eines interessierenden Sachverhalts mittels eines Datensatzes, der diesen möglichst vollständig und präzise beschreiben soll. Algorithmische Mustererkennung entspricht zunächst nur einer quantitativen Datenanalyse, die in der Folge weitere Daten(-analysen) produzieren kann (Dourish 2016: 7). Eine solche Analyse bietet etwa die Errechnung einer Häufigkeitsverteilung als Beschreibung der Beziehungen verschiedener Datenpunkte zueinander, die dann als Modell für die Beurteilung weiterer Inputs genutzt wird. Im mittlerweile klassischen Beispiel von (sogenannten überwachten) Bilderkennungsverfahren etwa geht es um den Zusammenhang von Bildern als Kombinationen von Pixelverteilungen und Kategorien (Labels), die zur Klassifizierung der Bilder vorhanden sind. Auf der Basis der erfolgten Analyse einer Bilddatenbank kann mit Hilfe des Modells errechnet werden, mit welcher Wahrscheinlichkeit ein Bild einer bestimmten für den Datensatz definierten Klasse angehört. Bei Festlegung eines Grenzwertes (etwa 90% Wahrscheinlichkeit laut Modell) kann diese Wahrscheinlichkeitsrechnung als ›Entscheidung‹ des Modells erscheinen: *Katze*, *Hund* oder aber auch *nicht erkannt*. Wobei dies schon terminologisch unsauber wäre. Schließlich *sieht* das Modell nichts, geschweige denn *erkennt* es etwas, jedenfalls nicht im konventionell gebrauchten, zumeist auf menschliche Wahrnehmung bezogenen Sinne. Stattdessen geht es in *Computer Vision* eben zentral um die Ausgabe von Wahrscheinlichkeitsangaben, beruhend auf der Analyse der Häufigkeitsverteilung von Bildpunkten.

Dies gilt auch dann, wenn für Nutzer:innen einer Bilderkennungsapp statt der Auflistung wahrscheinlicher Ergebnisse einer Analyse nur das Höchstwahrscheinliche aufgelistet wird, sodass es wirken kann, als wäre dies eindeutig *erkannt* worden. Eine solche Reduktion von Komplexität zur Herstellung von Eindeutigkeit wäre dann als »interface effect« (Galloway 2012), nicht aber als genuine (Fehl-)Leistung von ML zu verstehen. Zugleich verdeutlicht diese Lesart die Verstrickung von ML mit anderen Aspekten des Designs wie auch mit der praktischen Nutzung technischer Geräte. Interfaces – die zur Nutzung von Computern unverzichtbar sind – sind in ihrer konkreten Gestalt also zugleich Ausdruck sozialer Normen und technischer Datenverarbeitung, die ihrerseits sozialen Konventionen unterliegt.

ML-Verfahren können Beteiligten aus verschiedenen Gründen opak erscheinen (Burrell 2016). So kann es sein, dass fehlendes technisches Verständnis zu einem solchen Eindruck führt, doch ist es ebenso möglich – und gerade für gegenwärtig prägende ML-Verfahren typisch –, dass Umfang und Komplexität der Datenbasis (beziehungsweise *scale* des datenförmig erfassten Phänomens) sowie deren algorithmische Verarbeitung die Rekonstruktion der Genese von Outputs des Modells zum Zweck ihrer Erklärung nicht zulassen. Die Opazität von ML-Anwendungen kann jedoch auch durch bewusste (staatliche oder unternehmerische) Geheimhaltung zustande kommen und also gewissermaßen vertrautere nicht-technische Gründe haben. Für Beteiligte ist dabei oft nicht ersichtlich, um welchen dieser Gründe es sich handelt.

Es ist in den letzten Jahren bekannt geworden, dass ML-Anwendungen ihre soziale Wirkung häufig derart entfalten, dass sie pathologische Tendenzen bestehender gesellschaftlicher Realitäten reproduzieren, wenn nicht gar verstärken. Und dies kann geschehen, ohne dass die für die Anwendungen Verantwortlichen davon notwendigerweise in Kenntnis sind, geschweige denn eine solche Wirkung beabsichtigt haben müssen. Zu solchen Tendenzen in den Anwendungseffekten von ML gehören die Diskriminierung marginalisierter sozialer Gruppen (Chun 2021), die Zunahme vernetzter datenbasierter Formen sozialer Kontrolle, die sich mit dem Bild des distribuierten »Polyopticon« (Sherman 2022) beschreiben lassen, oder die durch die Anwendungen verursachten Umweltbelastungen (Dhar 2020; Bender et al. 2021).

3. Stochastische Technik und maschinelle Sinnverschiebung

Die Beobachtung fehlgeleiteter Einsätze von ML offenbart ein dessen sozialen Charakter prägendes Missverständnis hinsichtlich seiner technischen Funktionsweise. Sofern man Technik soziologisch als »funktionierende Simplifikation« (Luhmann 1997: 524) versteht, zeichnet sie sich gerade dadurch aus, dass sie funktioniert. Man benutzt und bezeichnet etwas als Technik, wenn es bei gleicher Handhabung zuverlässig zum gleichen Ergebnis führt und damit Erwartungssicherheit in ihrer Nutzung bietet. Eine Enttäuschung dieser Erwartung deutet in der Regel daraufhin, dass die Technik kaputt und also genau in dem Moment keine Technik ist. Eine solche funktionale Minimalbestimmung macht leicht erkennbar, was als Technik infrage kommt – und was nicht. *Wie* jedoch eine wie auch immer geartete Maschine technisiert, kann im Fall von ML hingegen deutlich schwieriger zu erkennen sein. Dies gilt in besonderem Maße für ML-Anwendungen, in denen regelmäßig kausale Fixierung und stochastische Prädiktion verwechselt werden. *Computer Vision*-Verfahren ›erkennen‹ keine Bildinhalte, sondern errechnen Wahrscheinlichkeiten für mit den Bildpunktverteilungen korrelierenden Klassen, die als Inhalte definiert sind. Obwohl sich *Computer Vision* nie ›irrt‹, kann zugleich nicht davon ausgegangen werden, dass jeder relevante Bildinhalt mit Gewissheit korrekt identifiziert wird. Bilderkennung wird hier nicht kausal fixiert, sondern als stochastische Prädiktion technisiert. Zwischen Inputs und Outputs besteht keine Kausalbeziehung, sondern eine lediglich eine statistische Korrelation, die eine Kausalbeziehung abbilden *könnte*.

Dennoch wird ML häufig *als Kausaltechnik zu nutzen versucht*, das heißt genauer: als solche ausgewiesen und oberflächlich in entsprechende Form gebracht. Eine funktional adäquate technische Grundlage – mit Frieder Nake

(2008): die Unterfläche (»subface«) – kann, muss dafür aber nicht unbedingt gegeben sein. Mit Nakes Unterscheidung formuliert befinden sich Ober- und Unterfläche also in einem kontingenten Verhältnis, das durch das Interface (›Zwischenfläche‹) geregelt wird. Ein konventioneller Taschenrechner etwa ist auf Ebene seiner Unterfläche *hard-coded*, das heißt programmatisch vollständig determiniert, sodass ein bestimmter Input immer zum gleichen Output führen wird. Ein LLM hingegen wird für eine Rechenaufgabe als *prompt* ein statistisch plausibles, das heißt den Trainingsdaten ›nahes‹ Ergebnis ausgeben. Es operiert dabei probabilistisch: Aus dem Abgleich mit ähnlichen, im Datensatz vorhandenen Rechnungen samt Ergebnissen wird es ein auf die Ähnlichkeit zu den Trainingsdaten optimiertes Resultat liefern, dessen konkrete Form jedoch nutzer:innen- und zeitpunktabhängig variieren kann. Ein Effekt, der aus der Google-Suche bekannt ist, von dem auf der Ebene der Nutzer:innenoberfläche jedoch nichts vernehmbar wäre. Um zu erkennen, dass ein solches Vorgehen in diesem Fall nur bedingt erfolgversprechend ist – aber prinzipiell sein könnte –, reichen wohl selbst überschaubare Kenntnisse der Mathematik aus. Wenn ML sich in diesem Sinne gerade durch seine Differenz zu Kausaltechnik auszeichnet, wie kann diese Differenz dann als Kennzeichen von stochastischer Technik positiv bestimmt werden?

Ein Indiz für die Beantwortung dieser Frage liefert Blick auf sogenannte *generative* Anwendungen von ML, bei denen das Funktionsprinzip gewissermaßen in invertierter Form erweitert wird. Nach der Modellierung eines Datensatzes (›Training‹) bringt das Verfahren auf dieser Datenbasis selbst einen (›potentiellen‹) Output hervor, der daraufhin analysiert wird, mit welcher Wahrscheinlichkeit er dem ursprünglichen Trainingsdatensatz hätte angehören können. Abhängig von dieser Klassifikation kann dieser dann zu einem tatsächlichen Output werden – oder sich aber aufgrund der fehlenden Passung als unnütz erweisen. Diese Unterscheidung von *generator*- und *discriminator*-Funktionen beschreibt konkret das Verfahren sogenannter *generative adversarial nets* (GANs; Goodfellow et al. 2014), kann aber auch als Heuristik dienen für das Verständnis neuerer Ansätze, zu denen die bereits diskutierten LLMs zählen.

Auf diese möchte ich zurückkommen, da sich an ihnen prinzipielle Mechanismen der generativen Funktionen von ML gut veranschaulichen lassen. Die Funktionsweise von LLMs lässt sich treffend als »spicy autocomplete« (Solomon 2023) bezeichnen. Mit *autocomplete* ist zunächst bekanntermaßen eine automatische Vorhersage potenziell folgender Textteile bezeichnet. Auf

Basis der Analyse eines Textkorpus kann von einer beliebigen Stelle eines Textes ausgehend errechnet werden, was das nächste Wort, der nächste Satz, der nächste Absatz oder gar das folgende Kapitel des Textes möglicherweise sein könnten – gemessen am Vergleich mit dem im Korpus vorhandenen Textmaterial. Dass auf »Ich« nicht selten »bin« folgt, mag in diesem Zusammenhang trivial anmuten. Wie der aktuelle Absatz dieses Textes enden wird, ist womöglich weniger leicht vorherzusagen, nicht einmal für den Autor des Textes im Moment des Verfassens dieser Zeile. *Spicy* scheint es dann allemal zu werden, wenn ein Umschlagen ins Nicht-Triviale geschieht, das heißt im Sinne des Kybernetikers Heinz von Foerster der Output einer Maschine nicht allein durch einen gegebenen Input, sondern gleichermaßen durch unbekannte interne Zustände determiniert werden, die die Input-Output-Beziehung konstituieren (von Foerster 1984: 10). Liest man Antworten als Fortsetzungen von Fragen und Dialoge in diesem Sinne als kontinuierliche Texte, ist leicht ersichtlich, dass jeder Text als plausibel fortschreibbar behandelt werden kann.

Ein Hinweis auf die soziale Funktion von ML lässt sich in den unterschiedlichen Weisen der Verwendung von LLMs und anderen Anwendungen generativer Rechenarchitekturen finden. *ChatGPT* und verwandte Sprachmodelle können zweifelsohne dazu benutzt werden, ›klassisch‹ technische Funktionen zu erfüllen, die bereits ›pre-ML‹ von Computern ausgeführt wurden. Mathematische Rechenaufgaben zu lösen, Listen von Namen alphabetisch zu ordnen oder auf (lokale oder über Netzwerke verfügbare) Datenbanken zuzugreifen, um Informationen über Objekte, Personen oder Ereignisse abzurufen – die Liste könnte beliebig verlängert werden. Doch gilt grundlegend für jede dieser Anwendungen – wie trivial sie auch anmuten mögen –, das Prinzip von *spicy autocomplete*: Ein LLM wird für gestellte Aufgabe (*prompt*) ein statistisch plausibles Ergebnis liefern, operiert dabei allerdings probabilistisch und ist eben nicht *hard-coded* wie ein ›klassischer‹ Taschenrechner. Aus diesem Grund können generell keine Garantien für die Richtigkeit der Outputs angeboten werden; das Ergebnis für einen bestimmten *prompt* hängt stattdessen von der Verfügbarkeit ›passender‹ (bestenfalls kombiniert mit der Unverfügbarkeit nur ›fast passender‹) Trainingsdaten des Modells ab, auf deren Basis algorithmisch ein wahrscheinliches Ergebnis errechnet wird. Die epistemische Autorität des Verfahrens beruht nicht auf begründbaren Regeln, sondern der Generalisierung von Beispielen (Campolo, Schwerzmann 2023), wobei diese Aufgabe im Zuge ihr Technisierung an die algorithmische Modellierung »delegiert« wird (Jaton 2021: 278).

Ein statistisch plausibles Ergebnis könnte, muss aber nie ›korrekt‹ sein. Ob ein Output gemessen am *prompt* ›korrekt‹ (passend, stimmig) ist, kann – typisch für sinnförmige Outputs – prinzipiell in verschiedenen Hinsichten beurteilt werden. Die Begutachtung eines Textes ›aus der Feder‹ eines LLM kann etwa Syntax, Semantik, Ästhetik oder andere Kategorien zur Beurteilung von Texten betreffen, wobei das, was explizit ›in den Zeilen‹ steht (Syntax), verständlicherweise leichter statistisch zu verarbeiten ist als das, was mitunter nur ›zwischen den Zeilen‹ zu finden wäre (Semantik). Alternativ könnte man diese Differenz als jene von Form und Inhalt reformulieren (Lopez 2023): Ein LLM-generiertes Textstück wird aufgrund seiner formalen Ähnlichkeit zu einer Vielzahl von Referenzobjekten in den Trainingsdaten vermutlich selten unmittelbar völlig aus dem Raster fallen und mag auf den ersten Eindruck häufig Plausibilität suggerieren können, wenngleich immer zuerst eine exakte Prüfung Gewissheit verschaffen kann. Hannes Bajohr beschreibt diesen Charakter von LLM-Outputs als Produktion von »dummer Bedeutung« (Bajohr 2022). Bedeutsam auf den ersten, dumm auf den zweiten Blick – so könnte vermutlich nicht selten der Lektüreeindruck von »artifizieller Semantik« (ebd.) als Produkt von »content generation« (Bull 2023) beschrieben werden.

Im Falle von Abweichungen gegenüber konventionell anerkannten und leicht überprüfbaren Wahrheiten in LLM-Outputs ist häufig von »Halluzinationen« die Rede. Eine Tendenz zu Halluzinationen mag eine Vielzahl von Anwendungen für den Einsatz von LLMs ausschließen, etwa in wissenschaftlichen Zusammenhängen. Allerdings wäre bis hierhin auch nur die Hälfte der sozialen Funktion von LLMs erschlossen. Die Fähigkeit zur automatischen Generierung von sinnförmigen Outputs, die zuallererst an Halluzinationen erinnern, meint schließlich zugleich, dass die Modelle immerhin dazu imstande sind, Unvorhergesehenes zu erzeugen und daher – in welcher Hinsicht auch immer – überraschende Outputs zu produzieren. Und Überraschungen können – bekanntermaßen abhängig vom Zusammenhang ihres Auftretens – als Störung oder aber als Bereicherung empfunden werden. Theoretisch gewendet meint dies einen Bruch mit kausaler Fixierung als primärem technischen Prinzip. LLMs können stattdessen *potenziell* originelle Beiträge zu Prozessen leisten, die vorher nicht technisierbar schienen. Nützlich erweisen sie sich dabei letztlich vielleicht weniger, indem sie ganze Texte formulieren, sondern vielleicht eher, wenn sie etwa Schreibprozesse durch hilfreiche Stichworte und Verbesserungsvorschläge unterstützen. Es zeigt sich hier allgemeiner ein Potenzial für den Einsatz von »uncertain tools« (Wilk 2022) in kreativen

Prozessen, deren explizites Ziel ohnehin unvorhergesehene Ergebnisse sind. ›Halluzinierende Maschinen‹ können sich in dieser Hinsicht als nicht nur nützlich, sondern potenziell als inspirierend erweisen. Die soziale Funktion von ML als Technik ist dann weniger in der automatischen Verrichtung mechanischer Vorgänge als vielmehr in der »funktionierenden Simplifikation« (Luhmann 1997: 524) kreativer Prozesse auszumachen. Grundlage dafür ist die probabilistische Modellierung von Sinnphänomenen, die im Verhältnis von Input (etwa *prompts*) und Outputs bewirkt, was man »technologische Sinnverschiebung« nennen könnte (Hörl 2013).

Diese Verknüpfung von Stochastik und sinnförmigem sozialen Geschehen macht zugleich den Kern von ML als epistemologischem Problem aus, da selten antizipiert oder gar verstanden werden kann, *wie genau* sich der Sinn im sozialen Geschehen verschiebt. Gleichermaßen führt diese Bedingung zu Problemen in der praktischen Anwendung von ML (empirisch: Groß, Wagenknecht 2023), da – sozialtheoretisch gefasst – die Einbindung von derartigen nicht-menschlichen Entitäten in soziale (Ko-)Operationen damit freilich noch unwägbarer wird als ohnehin schon. »Künstliche Kommunikation« (Esposito 2022) unter Beteiligung von ML hat sozusagen ihre ganz eigenen Fallstricke, wenn die Erwartungen und Beiträge einer anderen, an Kommunikation beteiligten Partei weder als hinreichend symmetrisch mit dem eigenen und noch überhaupt als hinreichend verstehbar vorausgesetzt werden können.

Dieser Nexus von Sinnverstehen und Stochastik bildet interessanterweise zugleich das Fundament der ›modernen‹ Kommunikationstheorie nach Claude Shannon (1948). In dessen Beschäftigung als Ingenieur des Kommunikationsunternehmens AT&T war die Frage nach den Möglichkeitsbedingungen dafür, dass die Wahrscheinlichkeit für ein ›gutes‹ Verhältnis von Signal und Rauschen in einer Telefonleitung steigt.[6] Diese technik- und wissenschaftshistorisch folgenreiche neue Perspektive auf Kommunikation setzt voraus, dass das Kommunizierte gerade nicht sinnförmig, sondern technisch-statistisch als quantitativ bestimmbares elektrisches Signal vorgestellt wird (Suchman 2021). Die mit der ML-basierten Errechnung wahrscheinlicher Sinngehalte einhergehenden Wider- und Unsinnigkeiten lassen die Spannung der Dualität von Kommunikation als qualitativ (Sinn) wie quantitativ (Wahrscheinlichkeit) beschreibbarer Vorgang in diesem Sinne auf neue Weise erfahrbar werden.

---

6 Wobei die Unterscheidung von Signal und Rauschen sich hier nicht auf semantische Register bezieht, sondern auf die akustische Qualität einer Verbindung; Schwerverständliches bleibt auch dann schwerverständlich, wenn es laut und deutlich vernehmbar ist.

Zu dem bereits beschriebenen Spannungsverhältnis zwischen Wahrscheinlichkeitsangabe über das Eintreten eines Ereignisses und dem tatsächlichen Ereignis gesellt sich in realweltlicher sozialer Praxis eine weitere Komplikationsachse. Diese entsteht aus dem Umstand, dass prinzipiell keine Gewissheit darüber bestehen kann, wie faktisch stichhaltig die errechnete Wahrscheinlichkeitsangabe ist, da sie von einem Modell eines Wirklichkeitsphänomens errechnet wurde, dessen Beziehung zum eigentlichen Phänomen prinzipiell kontingent ist. Es gibt keine Gewähr, dass die errechnete Wahrscheinlichkeit der *tatsächlichen* Wahrscheinlichkeit entspricht. Das Modell könnte derart konstruiert sein, dass es Rückschlüsse über die Wirklichkeit nicht zulässt, ohne dass modellintern Indizien dafür vorliegen. Diese zweite, externe Wahrscheinlichkeit kann logisch indes nicht in der ersten, modellinternen enthalten sein. Grundsätzlich ist der Zusammenhang zwischen Modell und modellierter Wirklichkeit als kontingent zu verstehen. Wichtige Indizien für die integrierte Validität des Modells in seiner praktischen Anwendung offenbaren sich womöglich nur rückblickend und hängen von einer unüberschaubaren Anzahl von Kriterien für die Validität der Bezüge zwischen Wirklichkeit, Modell und dessen Anwendung ab. Und schließlich entscheidet sich der praktische Umgang mit ML darüber hinaus ohnehin erst in konkreten Nutzungssituationen. Mithin zeigt sich erst dann, wie und wozu ML genutzt wird. Im Designprozess intendierte Nutzungsformen von technischen Objekten entsprechen selten völlig und manchmal überhaupt nicht den tatsächlichen der Praxis – ein mittlerweile klassischer Lokus der Techniksoziologie und der STS (Akrich 1992).

4. Kontingenzmaschinen oder: What does mean mean?

Der operativen Logik von ML – etwa gefasst als »computational reason« (Cavia 2022) – soziologisch auf die Spur zu kommen, erweist sich methodologisch womöglich als unlösbare Aufgabe. Von den erwähnten Unwägbarkeiten des sozialen Einsatzes von ML abgesehen gibt es für komplexe algorithmische Architekturen wie *Generative Pre-Trained Transformers* (GPT) keine unmittelbare Möglichkeit der eindeutigen Verknüpfung von ursprünglichem

Input (Trainingsdaten) und Output als Kausalverhältnis.[7] Anschauliche Belege dafür liefert etwa Hito Steyerl in einem Mitte 2023 erschienenen Aufsatz mit dem Titel »Mean Images« (Steyerl 2023). Ausgehend von der pointierten Formulierung des US-amerikanischen Schriftstellers Ted Chiang, *ChatGPT* sei im Kern ein »blurry jpeg of all the text in the web« (Chiang 2023), nahm sie sich für ihren Essay das Bildgenerierungsmodell *Stable Diffusion* vor. Dank des von den Künstler:innen Mat Dryhurst und Holly Herndon entwickelten Online-Tools »Have I been trained?« wusste Steyerl, dass Fotos von ihr im Datensatz *LAION-5B* enthalten sind, auf den das Modell trainiert wurde. Diese präsentiert sie in ihrem Beitrag neben einem Bild, das vom Modell auf den *prompt* »Image of Hito Steyerl« hin generiert wurde. In diesem lässt sich ein zweifellos an Hito Steyerl erinnerndes Gesicht ausmachen, doch handelt es sich ebenso zweifellos um keine realitätsgetreue Darstellung der Künstlerin, auch wenn der fotografische Stil des Bildes dies suggeriert, denn aus Gründen, über die sich nur spekulieren lässt, sieht die abgebildete Person in der *Stable Diffusion*-Kreation gegenüber der realen Erscheinung Steyerls (und ebenso den Fotos im Datensatz) stark gealtert aus.

Es lässt sich dieser Anekdote entnehmen, dass ML-Modelle durchaus *mehr* leisten, als die Inhalte der ihnen zugrundeliegenden Datensätze präzise zu repräsentieren, wenn auch dies angesichts umfangreicher vieldimensionaler Datensätze in vielen Zusammenhängen schon eine nützliche Errungenschaft wäre. Dieses *Mehr* verweist indes auf einen Faktor, der ML-Modellen Eigenschaften verleiht, die ihren Charakter nicht-trivial und im Hinblick auf Outputs unbestimmt machen. Steyerl formuliert zur Beschreibung dieses Umstandes in ihrem Essay eine treffende Zuspitzung mit der Frage: »What does mean mean?« Die Differenzen zwischen den beschriebenen Bildern deutet auf die inkommensurable Dualität von Qualität (Sinn) und Quantität (Durchschnitt) hin – wobei sich diese Differenz im Begriff des Durchschnitts, der seinerseits qualitativ wie quantitativ verstanden werden kann, nochmal wiederholt.

Eine Antwort auf Steyerls Frage wäre im konkreten Fall der *Stable Diffusion*-Kreation von »Image of Hito Steyerl« instruktiv, ist allerdings nicht zu erlangen: Obwohl sowohl die algorithmische Architektur des Modells wie auch die Inhalte des Trainingsdatensatzes öffentlich bekannt sind, hilft dies

---

7 Weshalb Bemühungen um »Explainable AI« unmittelbar einleuchtend sind, wobei die Tragweite der ›Erklärung‹ eines Modells allerdings häufig einerseits eher beschränkt ist und andererseits nicht für alle aktiv oder passiv Beteiligten einer ML-Anwendung gleichermaßen aufschlussreich ist (Zednik 2021).

wenig in der konkreten Aufklärung der Frage. Es lassen sich nicht einzelne Bilder oder Sequenzen des Algorithmus ausmachen, die zur Erklärung von Details des generierten Bildes dienen könnten. Steyerl schlägt zur Beschreibung solcher opaker technischer Arrangements[8] das Konzept der »White Box« vor. Im Unterschied zur hinlänglich bekannten *black box* – für die von Foersters »non-trivial machine« (1984: 10) eine alternative Bezeichnung ist – seien deren »internal states« bekannt, ohne dass diese Kenntnis allerdings instruktive Einsichten zum Verständnis ihrer Outputs liefern könnte. Die Transparenz der Maschine erweist sich als Illusion, wenn sich zeigt, dass sich mit dem vermeintlichen Wissen nichts erklären lässt. Man hatte es, entgegen täuschenden Suggestionen, letztlich doch die ganze Zeit mit einer, wenn nicht mehreren *black boxes* zu tun: »Inside every white box there are two black boxes trying to get out« (Glanville 1982). Gescheiterte Trivialisierungsversuche (»making them white«) können – im Bild des Kybernetikers Ranulph Glanville – immerhin zur Reflexion der eigenen Perspektive führen, weil sie im Moment des Scheiterns als *eigene* Versuche sichtbar werden.

Bildmodelle wie *Stable Diffusion sehen* nicht, sondern errechnen wahrscheinliche Pixelverteilungen; LLMs wie LaMDA *verstehen* nicht, sondern errechnen wahrscheinliche Wortverteilungen. Es zeigt sich im Beispiel Steyerls ein Hinweis auf die Inkommensurabilität zwischen der sprachlichen und der statistischen Beschreibung und Repräsentation von Wirklichkeit: Die mathematische Modellierung eines Datensatzes, der alle möglichen Wirklichkeitsaspekte abdecken soll, mag Unsicherheiten technisieren und rationalisieren. Sie kann die Unbestimmtheit der Welt jedoch nicht zum Verschwinden bringen, sondern deren Berechenbarkeit – etwa in Form maschineller Prädiktionen – nur suggerieren, sodass Unbestimmtheit dann als (bestimmbare) Kontingenz eines Beobachters erscheint und diesem zugerechnet werden kann (Esposito 2014: 234). Dass zahlenmäßigen Beschreibungen der Wirklichkeit mitunter eine wirklichkeitsstiftende Suggestionskraft (›Objektivität‹) anzuhaften scheint, kann angesichts des Umstandes verwundern, dass der eine Zahl bestimmende Verweisungshorizont selbst unbestimmt ist, weshalb die Zahl als Maß für (Un-) Ordnung geeignet scheint, nicht aber per se für Ordnung an sich steht (Lehmann 2014: 41). Steyerls Frage danach, was es mit Durchschnitten auf sich hat, gewinnt ihre Prägnanz indes gerade dadurch, dass sie sich auf Bilder

---

8 Die ihrerseits allerdings auf Arbeiter:innen oft brutal ausbeutende »ghost work« (Gray, Suri 2019) angewiesen sind und in dieser Hinsicht als Akkumulation menschlich verrichteter Arbeit verstanden werden können; ein Umstand, den Steyerl in ihrem Essay wie auch in ihren künstlerischen Arbeiten der letzten Jahre immer wieder explizit herausstellt

bezieht, denen ihre Kontingenz nur anmerken kann, wer ihre Geschichte kennt. Wer mit ML in Kontakt kommt, muss dabei nicht (mehr) mit Zahlen in Kontakt kommen. Stattdessen hat man es mit bestimmt anmutenden Bildern oder Texten zu tun. Die damit verbundene Suggestion scheint mithin die von Bestimmbarkeit schlechthin zu sein: »from error to optimism« (Mackenzie 2015: 436ff.). Maschinelles Lernen bezeichnet in diesem Sinne die technische Transformation von Unbestimmtheit in kontingente Formen mittels stochastischer Wirklichkeitsmodellierung. Was man soziologische Intelligenz nennen würde, scheint mir demgegenüber gerade auf die reflexive Sichtbarmachung der Kontingenz in all den vielfältigen Bestimmungsversuchen einer Welt abzuzielen, die wir uns mit maschinellem Lernen teilen.

Literatur

Akrich, Madeleine 1992: The De-Scription of Technical Objects. In Wiebe E. Bijker / John Law (eds.), Shaping Technology / Building Society: Studies in Sociotechnical Change. Cambridge: MIT Press, 205–224.

Bajohr, Hannes 2022: Dumme Bedeutung. Künstliche Intelligenz und artifizielle Semantik. Merkur, 76. Jg., Heft 882, 69–79.

Baudrillard, Jean 2002: Deep Blue or the Computer's Melancholia. In Jean Baudrillard, Screened Out. London, New York: Verso, 160–165.

Baudrillard, Jean 2012: Beyond Artificial Intelligence: Radicality of Thought. In Jean Baudrillard, Impossible Exchange. London, New York: Verso, 145–158.

Bender, Emily 2023: Thought experiment in the National Library of Thailand. https://medium.com/@emilymenonbender/thought-experiment-in-the-natio nal-library-of-thailand-f2bf761a8a83, letzter Aufruf am 1. November 2023.

Bender, Emily M. / Gebru, Timnit / McMillan-Major, Angelina / Shmitchell, Shmargaret 2021: On the Dangers of Stochastic Parrots: Can Language Models Be Too Big? Proceedings of the 2021 ACM Conference on Fairness, Accountability, and Transparency, doi: 10.1145/3442188.3445922.

Binder, Werner 2021: Alpha Go's Deep Play. Technological Breakthrough as Social Drama. In Jonathan Roberge / Michael Castelle (eds.), The Cultural Life of Machine Learning. An Incursion into Critical AI Studies. Cham: Palgrave Macmillan, 167–195.

Bull, Sarah 2023: Content Generation in the Age of Mechanical Reproduction. Book History, vol. 26, no. 2, 324–361. doi: 10.1353/bh.2023.a910951.

Burrell, Jenna 2016: How the machine ›thinks‹: Understanding opacity in machine learning algorithms. Big Data & Society, vol. 3, no. 1, doi: 10.1177/20539517 15622512.

Campolo, Alexander / Schwerzmann, Katia 2023: From rules to examples: Machine learning's type of authority. Big Data & Society, vol. 10, no. 2, doi: 10.1177/2053 9517231188725.

Cao, Sissi 2023: Can ChatGPT Essays Get You Into an Ivy League School? We Asked an ex-Harvard Advisor. Observer, 5th May 2023. https://observer.com/2023/05/chatgpt-generated-college-admissions-essay-ask-an-expert/, letzter Aufruf am 1. November 2023.

Cavia, AA 2022: Logiciel: Six Seminars on Computational Reason. Berlin: &&& Publishing.

Chiang, Ted 2023: ChatGPT Is a Blurry JPEG of the Web. The New Yorker, 9th February 2023. https://www.newyorker.com/tech/annals-of-technology/chat gpt-is-a-blurry-jpeg-of-the-web, letzter Aufruf am 1. November 2023.

Chun, Wendy Hui Kyong 2021: Discriminating Data: Correlation, Neighborhoods, and the New Politics of Recognition. Boston: MIT Press.

Dhar, Payal 2020: The carbon impact of artificial intelligence. Nature Machine Intelligence, no. 2, 423–425. doi: 10.1038/s42256-020-0219-9.

Dourish, Paul 2016: Algorithms and their others: Algorithmic culture in context. Big Data & Society, vol. 3, no. 2, 1–12, doi: 10.1177/2053951716665128.

Esposito, Elena 2014: Algorithmische Kontingenz. Der Umgang mit Unsicherheit im Web. In Alberto Cevolini (Hg.), Die Ordnung des Kontingenten. Beiträge zur zahlenmäßigen Selbstbeschreibung der modernen Gesellschaft. Wiesbaden: Springer VS, 233–249.

Esposito, Elena 2022: Artificial Communication. How Algorithms Produce Social Intelligence. Cambridge: MIT Press.

Fazi, M. Beatrice 2021: Introduction: Algorithmic Thought. Theory, Culture & Society, vol. 38. no. 7/8, 5–11. doi: 10.1177/02632764211054122.

Galloway, Alexander R. 2012: The Interface Effect. Cambridge: MIT Press.

Glanville, Ranulph 1982: Inside every white box there are two black boxes trying to get out. Behavioral Science, vol. 12, no. 1, 1–11.

Goodfellow, Ian J. / Pouget-Abadie, Jean / Mirza, Mehdi / Xu, Bing / Warde-Farley, David / Ozair, Sherjil / Courville, Aaro / Bengio, Yoshua 2014: Generative adversarial nets. Proceedings of the 27th International Conference on Neural Information Processing Systems. doi: 10.5555/2969033.2969125.

Gray, Mary L. / Suri, Siddharth 2019: Ghost Work: How to Stop Silicon Valley from Building a New Global Underclass. Boston: Houghton Mifflin Harcourt.

Groß, Richard / Jordan, Rita 2023: KI-Realitäten / AI Realities. In Richard Groß / Rita Jordan (Hg), KI-Realitäten: Modelle, Praktiken und Topologien maschinellen Lernens. Bielefeld: transcript, 9–33.

Groß, Richard/ Wagenknecht, Susann 2023: Situating machine learning. On the calibration of problems in practice. Distinktion. Journal of Social Theory. vol. 24, no. 2, 315–337.

Hörl, Erich 2011: Die technologische Bedingung. Zur Einführung. In Erich Hörl (Hg.), Die technologische Bedingung. Beiträge zur Beschreibung der technischen Welt. Frankfurt am Main: Suhrkamp, 7–53.

Jaton, Florian 2021: The Constitution of Algorithms. Ground Truthing, Programming, Formulating. Cambridge: MIT Press.

Lehmann, Maren 2014: Komplexe Ereignisse und kontingente Mengen. Anmerkungen zur Soziologie der Zahl. In Alberto Cevolini (Hg.), Die Ordnung des Kontingenten. Beiträge zur zahlenmäßigen Selbstbeschreibung der modernen Gesellschaft. Wiesbaden: Springer VS, 41–62.

Lepenies, Robert 2022: Twitter-Thread vom 7. Dezember 2022. https://twitter.com/RobertLepenies/status/1600611200408100876, letzter Aufruf am 1. November 2023.

Lopez, Paola 2023: ChatGPT und der Unterschied zwischen Form und Inhalt. Merkur, 77. Jg., Heft 891, 15–27.

Luhmann, Niklas 1997: Die Gesellschaft der Gesellschaft. 2 Bände. Frankfurt am Main: Suhrkamp.

Mackenzie, Adrian 2015: The production of prediction. Was does machine learning want? European Journal of Cultural Studies, vol. 18, no. 4-5, 429–445.

Muhle, Florian 2023: (Vor-)Geschichte der Künstliche-Intelligenz-Forschung und der sozialen Robotik. In Florian Muhle (Hg.), Soziale Robotik: Eine sozialwissenschaftliche Einführung. Berlin, Boston: De Gruyter Oldenbourg, 13–29.

Nake, Frieder 2008: Surface, Interface, Subface: Three Cases of Interaction and One Concept. In Uwe Seifert / Jin Hyun Kim / Anthony Moore (eds.), Paradoxes of Interactivity: Perspectives for Media Theory, Human-Computer Interaction, and Artistic Investigations. Bielefeld: transcript, 92–109.

Shannon, Claude E. 1948: A Mathematical Theory of Communication. The Bell System Technical Journal, vol. 27, 379–423, 623–656.

Sherman, Stephanie 2022: The Polyopticon: A diagram for urban artificial intelligences. AI & Society, vol. 38, no. 3, 1209–1222, doi: 10.1007/s00146-022-01501-3.

Solomon, Mike 2023: GPT3 is Just Spicy Autocomplete. https://thecleverest.com/gpt3-is-just-spicy-autocomplete/, letzter Aufruf am 1. November 2023.

Steyerl, Hito 2023: Mean Images. New Left Review, no. 140/141. https://newleftreview.org/issues/ii140/articles/hito-steyerl-mean-images, letzter Aufruf am 1. November 2023.

Suchman, Lucy 2021: Talk with Machines, Redux. Interface Critique Journal, no. 3, 69–80.

von Foerster, Heinz 1984: Principles of Self-Organization in a Socio-Managerial Context. In Hans Ulrich / Gilbert J. B. Probst (eds.), Self-Organization and Management of Social Systems. Berlin: Springer, 2–24.

Wilk, Elvia 2020: Against Prediction: Designing Uncertain Tools. Noema Magazine, 24th September 2020. https://www.noemamag.com/against-prediction-designing-uncertain-tools/, letzter Aufruf am 1. November 2023.

Aus dem DGS-Vorstand

Liebe Mitglieder der Deutschen Gesellschaft für Soziologie,
2025, 2026 und dann 2028 werden die nächsten regulären DGS-Kongresse stattfinden. Ja, das ist eine ganze Menge in enger Taktung – und darauf freuen wir uns mindestens so sehr wie Sie und Ihr. Denn 2022 in Bielefeld war deutlich und nachhaltig zu erleben: Die physische Kopräsenz, das Miteinander DA SEIN ist unersetzlich. Die ungeplanten Begegnungen und Gespräche, die flüchtige und anregende dichte Sozialität der Kaffeeschlange und die vollen Hörsäle, auch das macht Soziologie als Praxis aus. Das wollen wir wieder ermöglichen, klar, und wir müssen auch in eine bestimmte Taktung der Kongresse kommen, damit der Satzung genüge getan wird. Der nächste reguläre DGS Kongress findet also 2025 (ungewöhnlicherweise in einem ungeraden Jahr) statt, da sich für 2024 doch kein Ort fand. Umso mehr freuen wir uns, dass wir für 2025 – wie bereits verkündet – die Uni Duisburg als hervorragenden Standort gewinnen können. Die ersten organisatorischen Schritte sind bereits geschwind gegangen, wir feilen gemeinsam am Themenpapier.

Doch auch in 2024 wollen wir fachlich nicht nur an, sondern auch für uns sein. Unter dem Titel »Klassen, Klassifikationen und Klassifizierungen« wird daher eine Konferenz vom 23. bis 25. September 2024 an der Universität Osnabrück stattfinden Die gewählten Begriffe sind andauernde Herausforderungen soziologischer Forschung, in empirischer, methodischer und theoretischer Hinsicht.[1] Die Tagung ist aus einem vom Vorstand an die Sektionen gerichteten *call for conferences* hervorgegangen. Neben der Sektion Kultursoziologie beteiligen sich bisher die Arbeits- und Industriesoziologie, Bildung und Erziehung, Biographieforschung, Methoden der qualitativen Sozialforschung, Soziologiegeschichte, Wissenschafts- und Technikforschung sowie die Wissenssoziologie.

Die DGS hat sich in den letzten Jahren aus Anlass eines Falles von Datenbeschlagnahme an der Universität Erlangen-Nürnberg intensiv für die Aufnahme eines Zeugnisverweigerungsrechts und eines Verbots der Datenbeschlagnahme in der empirischen Sozialforschung in das neu zu schaffende Forschungsdatengesetz engagiert – sowohl über ihre Vertreter:innen im RatSWD als auch im Zuge der Beteiligung am institutionellen Konsultationsprozess der Bundesregierung für dieses neue Gesetz. Inzwischen ist der Erlangener Fall vom Bundesverfassungsgericht beschieden worden: Zwar

---

1 https://soziologie.de/tagung-2024/aktuell/news/klassen-klassifikationen-klassifizierungen

bekam der Beschwerde führende Kollege wegen eines Fristversäumnisses kein positives Urteil, doch befand das BVG den Fall als von grundsätzlicher Bedeutung und hat in seinem Urteil vom 25. September 2023 und in einer Pressemitteilung eine eindeutige Stellungnahme dazu veröffentlicht.[2] Dieser ist zu entnehmen, dass sich Beschlagnahmeverbot und Zeugnisverweigerungsrecht schon aus dem im Grundgesetz verbrieften Grundsatz der Forschungsfreiheit ergeben. Insofern, so das BVG, bestehen »erhebliche Bedenken hinsichtlich der Verfassungsmäßigkeit« der Entscheidungen der Vorinstanz. Der Vorstand der DGS wird sich mit dieser für die empirische Sozialforschung überaus positiven Stellungnahme des BVG im Rücken weiterhin in den laufenden Gesetzgebungsprozess für ein entsprechend gestaltetes Forschungsdatengesetz einbringen.

Wir als Vorstand der DGS haben uns klar zu dem Angriff der Hamas auf den Staat Israel geäußert. Die jüngsten Akte brutalster terroristischer Gewalt seitens der Hamas sind schockierend. Die DGS verurteilt den Terror gegenüber Zivilisten in Israel in aller Eindeutigkeit. Unser Mitgefühl und unsere Solidarität gilt allen Opfern von Terror und Gewalt und ihren Angehörigen. Mit Kolleg:innen in Israel stehen wir in regem Kontakt, wir bieten ihnen selbstverständlich konkrete Unterstützung an. Wir möchten die Mitglieder der DGS gern ermuntern, diese praktische Solidarität auch in ihren Netzwerken zu pflegen. Wir arbeiten derzeit daran, knappe Texte, Analysen, Erfahrungsberichte usw. von Soziolog:innen aus Israel (und Gaza) auf dem SozBlog zu veröffentlichen, aber das gestaltet sich angesichts der Umstände vor Ort nachvollziehbarerweise schwierig.

Auch zum Angriffskriegs Russlands auf die Ukraine hatten wir uns seinerzeit geäußert, und haben dies zum Anlass genommen, eine Diskussion auf dem SozBlog anzustoßen. Wir freuen uns, dass Christian Fröhlich seit November 2023 bloggt. Er ist wissenschaftlicher Mitarbeiter am Osteuropa-Institut der Freien Universität Berlin und Co-Sprecher der Sektion Politik- und Sozialwissenschaften der Deutschen Gesellschaft für Osteuropakunde (DGO). Zu seinen Arbeitsschwerpunkten zählen Zivilgesellschaft und soziale Bewegungen, Inklusion und Teilhabe, Diversität. Ein zentraler Schwerpunkt des Blogs ist das Themenfeld »Krieg«.[3]

---

2 BVerfG, Beschluss der 1. Kammer des Ersten Senats vom 25. September 2023 (1 BvR 2219/20) und Pressemitteilung Nr. 90/2023 vom 20. Oktober 2023.

3 https://blog.soziologie.de/author/cfroehlich/

Veröffentlicht wurde nun der Verhandlungsband des letzten Kongresses der DGS. Sie finden ihn online und open access.[4] Korrekt zitiert wird er als Villa, Paula-Irene (Hg.): Polarisierte Welten. Verhandlungen des 41. Kongresses der Deutschen Gesellschaft für Soziologie 2022 – Wir danken auch hier noch einmal allen Beteiligten für das Engagement und die Einsendungen der Beiträge!

Ansonsten gilt wie immer: *We'll keep you informed!* Beachten Sie unsere Präsenz in den sozialen Medien, alle wichtigen Infos über Stellenausschreibungen, Neuerscheinungen, Tagungen oder medialen Einlassungen von Soziolog:innen finden Sie auf Mastodon – unter derselben Adresse wie bei X (ehemals Twitter) [@DGSoziologie], bei Instagram und facebook. Wir nehmen dafür gern Ihre Hinweise entgegen. Auch um die Kommunikationen zwischen den DGS-Sektionen besser zu gestalten, können auf unseren Kanälen die Veranstaltungen der einzelnen Sektionen sehr gut nachverfolgt werden. Natürlich wird die Social Media Präsenz der DGS wie auch unsere Homepage www.so ziologie.de stets auf dem neuesten Stand gehalten.

Wenn Sie etwas wissen oder kommentieren möchten, melden Sie sich bei der Geschäftsstelle. Marcel Siepmann (marcel.siepmann@soziologie.de oder marcel.siepmann@kwi-nrw.de, beide Adressen bleiben vorerst gültig) ist Ihr/Euer Ansprechpartner, insbesondere hinsichtlich organisatorischer und verbandsinterner Abläufe. Alle Vorstandsmitglieder sind selbstverständlich auch ansprechbar, Sie finden uns über die Website.

Herzliche Grüße, auch im Namen der Vorstandskolleg:innen,
Paula-Irene Villa Braslavsky

---

4 https://publikationen.soziologie.de/index.php/kongressband_2022

Veränderungen in der Mitgliedschaft

Neue Mitglieder

Prof. Dr. Robel Afeworki Abay, Berlin
Johanna Behr, Berlin
Daniel Ellwanger, Leipzig
Prof. Dr. Constanze Eylmann, Hannover
Lea Frerichs, M.A., Hamburg
Florian Geisler, Kiel
Marius Glassner, M.A., Kleve
Dr. Bontu Lucie Guschke, Berlin
Dr. rer. pol. Justus Henke, Wittenberg
Teresa Höfgen, Frankfurt am Main
Julian Höfner, Würzburg
Janet-Lynn Holz, Freiburg
Charlie Kaufhold, M.A., Berlin
Prof. Pierre-Carl Link, Zürich
Yevgeniy Martynovych, Braunschweig
Dirk Netter, Marburg
Melanie Pouwels, Günzburg
Dr. Sascha Regier, Köln
Dr. Mê-Linh Hannah Riemann, Flensburg
Alexander Schütt, M.A., Aachen
Dr. Mariana Schütt, Jena
Dr. Hawal Shamon, Jülich
Ali Simon, München
Franziska Stauche, M.A., Mittweida
Alexander Wierzock, M.A., Essen

Neue studentische Mitglieder

Jasper Pfaff, Marburg
Oliver Platt, Marburg

Austritte

Dr. Jens Aderhold, Dresden
Dr. René Angelstein, Merseburg
Dr. Ulrich Bielefeld, Breitbrunn
Ines Birkner, Frankfurt am Main
Dr. Michael Borggräfe, Berlin
Valerie Dahl, Münster
Greta Ellerbusch, Hamburg
Dr. habil. Christel Gärtner, Frankfurt am Main
Jan Gehrmann, München
Dr. Jens Hälterlein, Freiburg
Susann Hanspach, M.A., Berlin
Dr. phil. Andreas Heilmann, Berlin
Jan Paul Hölzel, Göttingen
Dr. Jens Jetzkowitz, Hamburg
Prof. Dr. Matthias Junge, Rostock
Dr. Till Kaiser, Bochum
Prof. Dr. Thomas Klein, Heidelberg
Dr. Markus Lörz, Hannover
Dr. Stefanie Mallon, Göttingen
Anika Meß, Kassel
Prof. Dr. Axel Müller, Essen
Amelie Nickel, Bielefeld
Dipl.-Psych. Moritz Niehaus, Wiesbaden
Matthias Philipper, Paderborn
Stefan Robert Rascher, Fulda
Dr. Thordis Reimer, Hamburg
Julia Rüdel, Heidelberg
Prof. Dr. habil. Dietmar Schössler, Weinheim
Janine Schröder, Kaufbeuren
Dr. Maurice Schulze, Berlin

Dipl. Soz. Bernd Sengelmann, München
Dr. Hans Siebers, Tilburg
Pascal Tanner, Zürich
Prof. Dr. Clemens Tesch-Römer, Berlin
PD Dr. Harald Wolf, Göttingen

Verstorben

Prof. Dr. Hans-Jürgen Andreß, Bielefeld
Prof. Dr. Rainer Schützeichel, Bielefeld
Prof. Dr. Friedhelm Neidhardt, Berlin

Sektion Alter(n) und Gesellschaft

Tagung »Körper, Dinge und Räume des Alter(n)s: Perspektiven und Befunde einer Materiellen Gerontologie« am 8. und 9. September 2023 an der Katholischen Hochschule Nordrhein-Westfalen in Münster

Die Herbsttagung der Sektion stand unter dem thematischen Fokus der »Materiellen Gerontologie«. Inspiriert durch den sich seit den 1990er Jahren formierenden *material turn* in den Sozialwissenschaften befasst sich das DFG-Netzwerk desselben Namens seit 2018 mit der Frage, inwiefern materielle und nicht-menschliche Akteure und Elemente aktiv zur Herstellung von Alter(n) beitragen und welche Rolle Materialitäten bei der Konstitution sozialer Phänomene wie Differenzkategorien, Wissensordnungen oder Institutionen des Alter(n)s zukommt. Die Tagung an der Katholischen Hochschule Nordrhein-Westfalen, Münster, fand nun zum Abschluss des Netzwerks und in Kooperation mit der Sektion Alter(n) und Gesellschaft statt. Eingeladen waren Beiträge, die sich theoretisch, methodisch und methodologisch mit einer materiellen Perspektive auf Alter und Altern befassen, um so ein erweitertes Verständnis der Komplexität von Alter(n) zu ermöglichen. Organisiert wurde die Tagung von Grit Höppner (Münster), Julia Hahmann (Wiesbaden), Anna Wanka (Frankfurt am Main) und Klaus R. Schroeter (Olten).

Die Einführung in das Tagungsthema nahmen *Vera Gallistl*, *Grit Höppner* und *Anna Wanka* vor, indem sie Traditionslinien materialistischer Alter(n)sforschung nachzeichneten, um anschließend grundlegende neomaterialistische Positionen unter anderem zu Handlungsmacht und Relationalität vorzustellen und anhand gerontologischer Forschungsthemen zu verdeutlichen. Im Vortrag wurden zudem theoretische und methodisch-methodologische Leerstellen einer materiellen Gerontologie identifiziert.

In der ersten Session »Körper des Alter(n)s« startete *Christian Meier zu Verl* (Konstanz) mit dem Vortrag »Verkörpertes Wissen in Interaktionen mit Menschen mit Demenz«. Mit einer video-ethnographischen Forschung analysierte Meier zu Verl die Bedingungen für gelingende institutionelle Interaktionen von Menschen mit Demenz materialitätstheoretisch. Im zweiten Teil des Panels stellte *Hanna Wilmes* (Dortmund) im Vortrag »Körper-Werden: Materiell-diskursive Praktiken in der Ko-Konstitution von Alter, Geschlecht und Körperlichkeit« die Relationalität von Alter(n), Körper und Geschlechtlichkeit vor. Anhand von Interviews mit älteren trans Frauen identifizierte Wilmes Assemblagen, in denen sich die drei Konstrukte in materiell-diskursiven Praktiken ko-konstituieren. Damit zeigte Wilmes, inwiefern neomaterialistische Perspektiven der Queer und Trans Studies die Alternsforschung ergänzen.

In der zweiten Session »Räume des Alter(n)s« begann *Miriam Haller* (Köln) mit einem Vortrag zu »Topik und Heterotopologie des Alter(n)s«. Hier diskutierte Haller mit Foucaults Topos-Begriff, wie die performative Aktivität von Räumen an der Hervorbringung von Alter(n) method(olog)isch einbezogen werden kann, ohne dabei symbolisch-diskursive Praktiken außer Acht zu lassen. *Linda Maack* (Berlin) befasste sich im Vortrag »Verräumlichte Subjektivierung im Altenpflegeheim« mit Materialisierungen von aktivierendem und kultursensiblem Pflegewissen in den räumlichen Ordnungen von stationären Pflegeeinrichtungen. Hierüber konnte Maack zeigen, inwiefern ältere Menschen »mit Migrationsgeschichte« als »kulturell anders« und darin rassifiziert räumlich organisiert werden. Im dritten Beitrag des Panels stellten *Christian Bleck* (Düsseldorf) und *Grit Höppner* (Münster) den Beitrag »Zusammenhänge zwischen Partizipation und Raum« vor. Sie verdeutlichten, dass Partizipation im Zusammenspiel unterschiedlicher Akteure hergestellt wird sowie in institutionellen Settings raumbezogen spezifisch verteilt ist und daher eine raumbezogene Weiterentwicklung von Partizipationskonzepten sinnvoll sein kann.

Am zweiten Tag der Tagung starteten in der ersten Session »Technologien des Alter(n)s« *Debora Frommeld, Sonja Haug, Edda Currle* und *Karsten Weber* (alle Regensburg) mit einem Vortrag zu »Machen Telepräsenzroboter ›alt?‹«. Die von ihnen präsentierten Ergebnisse zur Wahrnehmung und Nutzungsbereitschaft von robotischen Systemen in der Pflege und Therapie verweisen auf die Rolle von Materialitäten in Ko-Konstitutionsprozessen von Alter(n) und Krankheit. Im zweiten Beitrag stellten *Vera Gallistl* und *Katrin Lehner* (beide Krems) »Datafiziertes Alter(n) – Datenkörper und Datensubjekte als Forschungsfelder der materiellen Gerontologie« vor. Sie zeigten, dass Technologien, die alternde Menschen im Pflegealltag begleiten und unterstützen, Daten sammeln und verarbeiten, die wiederum auf normativen Vorstellungen über ältere Körper, ihre Bewegungen und Grenzen beruhen. Sichtbar werden solche normativen Vorstellungen etwa anhand der Frage, welches Verhalten in Daten abgebildet wird und welches ›unvermessen‹ bleibt.

In der zweiten Session des zweiten Tages wurden »Methodologische Überlegungen einer Materiellen Gerontologie« vorgestellt und diskutiert. *Anamaria Depner* und *Karla Wazinski* (beide Frankfurt am Main) erörtern in ihrem Beitrag »Wie sich dem Altern aus einer (neuen) materialistischen Perspektive nähern?«, wie neomaterialistische Theoriepositionen methodologisch und methodisch aufgegriffen und übersetzt werden können. Im letzten Vortrag der »Linking Ages – Zu den materiell-diskursiven Grenzziehungspraktiken des un/doing age in verschiedenen Lebensaltern« von *Anna Wanka*, *Milena Feldmann* und *Karla Wazinski* (alle Frankfurt am Main) diskutierten die Autor:innen abschließend, basierend auf Karen Barads Agentiellem Realismus, das Konzept einer neomaterialistischen Reflexivität für die empirische Alter(n)sforschung.

Den Abschluss bildete eine kritisch-konstruktive Diskussion über die Rolle von »neuen« und »alten« Theorien und Methodologien, Anschlussmöglichkeiten – von Bourdieu über Foucault, Subjektivierungstheorien und Phänomenologie – und Potenzialen neomaterialistischer Ansätze für die Alter(n)ssoziologie. Deutlich wurde, dass es weiterer methodischer Entwicklungen bedarf, um die theoretisch-konzeptionellen Überlegungen der Materiellen Gerontologie zur aktiven, dynamischen Rolle von Materialitäten des Alter(n)s empirisch sichtbar zu machen.

Im Vorfeld der Tagung fand am 7. und 8. September ein Nachwuchsworkshop zum Thema »Materielle Gerontologie – Theoretische und methodologische Fragen« statt, der von Louka Maju Götzke (Frankfurt am Main) geleitet wurde. Sieben Nachwuchsforscher:innen diskutierten ihre Promotionsprojekte, die thematisch Körper, Räume und Dinge des Alter(n)s – von Bisexualität im Alter über Sturzsensoren im Pflegeheim und Wohnumwelten des Alter(n)s – fokussierten.

Anna Wanka

Sektion Wissenssoziologie

Tagung »Ten Years After – Aktuelle Entwicklungen des Kommunikativen Konstruktivismus« am 26. und 27. Juli 2023 an der Technischen Universität Berlin

Anlässlich des zehn Jahre zuvor von Hubert Knoblauch, Reiner Keller und Jo Reichertz herausgegebenen Bandes »Kommunikativer Konstruktivismus – Theoretische und empirische Arbeiten zu einem neuen wissenssoziologischen Ansatz« fand im Juli 2023 eine Sektionstagung zu den aktuellen Entwicklungen des Kommunikativen Konstruktivismus statt, der sich als zeitgemäße Aktualisierung des Sozialkonstruktivismus versteht. Die Tagung verfolgte das Ziel, die bisherigen Entwicklungen des kommunikativen Konstruktivismus zusammenzutragen und bot Gelegenheit, aktuelle Forschungsbeiträge und die Zukunft dieser Theorieschule innerhalb der Wissenssoziologie und darüber hinaus in der breiteren soziologischen Forschung zu diskutieren.

Die dichte Tagung, die nur einen Bruchteil des Angebotes an Beiträgen aufnehmen konnte, vereinte dabei Vorträge zu theoretischen Debatten, Einblicke in vielfältige empirische Forschungsprojekte, Rückgriffe auf den Kommunikativen Konstruktivismus durch benachbarte Disziplinen sowie Diskussionen zu Potenzialen und Hürden einer Profilierung dieses sozialtheoretischen Forschungsprogramms im internationalen Wissenschaftskontext.

Das entschieden empirisch verankerte Verständnis von kommunikativem Handeln als wechselseitigem Wirkhandeln, das alle sinnlich erfahrbaren Objektivationen miteinschließt und damit die Vernachlässigung materieller Objektivationen überwindet, sowie die Subjektzentrierung durch das Konzept der Relationalität aufbricht, spiegelte sich auch im Tagungsprogramm. Die Tagung machte deutlich, dass der Kommunikative Konstruktivismus empirisch bemerkenswert breit aufgestellt ist und über eine Theorierichtung innerhalb der neuen Wissenssoziologie hinaus ein umfassendes soziologisches Forschungsprogramm bildet, das vor allem auch durch seine gesellschaftstheoretischen und -diagnostischen Thesen wertvolle Anstöße liefert. Wie vielfältig sich die empirische Forschung in den letzten Jahren entwickelt hat, zeigt sich hierbei an diversen Forschungsfeldern, die sich in den Vorträgen von der Gewaltforschung (*Ekkehard Coenen*, Weimar; *René Tuma*, Berlin), über körpersoziologische Aspekte (*Frederike Brandt*, Berlin; *Theresa Vollmer*, Wien), diskursive Wissensformen (*Reiner Keller*, Augsburg) und deren technologisch-mediale Vermittlung (*Bernd Schnettler*, Bayreuth) bis zur soziologischen Raumforschung (*Gabriele Christmann*, Berlin; *Michael Wetzels*, Berlin) erstreckten. Zudem wurde deutlich, dass der Kommunikative Konstruktivismus bereits über die Grenzen der Soziologie hinaus aufgenommen wird, etwa in der Religionswissenschaft, wie es in den Beiträgen von *Henriette Hanky* (Bergen) und *Maike Neufend* (Berlin) in Auseinandersetzung mit der Osho-Bewegung und zum Sufismus vorgeführt wurde.

Es wurden dabei zentrale Aspekte der Weiterentwicklung von der sozialen zur kommunikativen Konstruktion der Wirklichkeit auf aktuelle Debatten bezogen und die Möglichkeiten eines fruchtbaren Beitrags des Kommunikativen Konstruktivismus angesichts zunehmender Kritik, Polarisierung und Polemik gegenüber sozialkonstruktivistischen Debatten erörtert.

Entgegen der Pauschalkritik gegenüber konstruktivistischen Ansätzen und neuen Aufrufen zu einem »Post-Konstruktivismus« zeigte *Thomas Eberle* (St. Gallen) in seinem Beitrag, dass im Sinne der Theorierichtung institutionelle Strukturen und kommunikative Prozesse immer wieder neu produziert werden müssen, um Stabilität zu entfalten. Während diese hierbei durchaus im Laufe der Zeit wandelbar seien, materialisierten sie sich dennoch gegenwärtig als eine spezifische Faktizität. Dies wurde auch in den Vorträgen von *Silke Steets* (Erlangen-Nürnberg) und *Gabriele Christmann* aufgenommen. Beide betonten, dass der Kommunikative Konstruktivismus besonders geeignet sei, sich »existenziellen Problemen« wie dem Klimawandel zuzuwenden. Denn die Theorie leiste durch ihre Weiterentwicklung des Sozialkonstruktivismus von Berger/Luckmann nicht nur ein analytisches Instrumentarium für die empirische Forschung, sondern vielmehr werde auch die Möglichkeit gegeben, die relationale Denkfigur als Grundprämisse auf die Soziologie als Fach selbst anzuwenden.

Zudem wurden Fragen der Subjektivierung und Subjektkonstruktion aufgeworfen. *Jo Reichertz* (Duisburg-Essen) stellte anhand von Pflegeverhältnissen bei Menschen mit Demenzdiagnose grundsätzlich die Frage, ob sich Subjektivität eindeutig körperlich bestimmen lasse und zeigte die Potenziale des Kommunikativen Konstruktivismus, auch in »Grenzsituationen« uneindeutiger oder deutlich erschwerter Kommunikation kommunikative Koordination empirisch nachzuvollziehen und hybride Subjektkonzeptionen zu ermöglichen.

Boris Traue und *Mathias Blanc* (beide Luxemburg) forderten in diesem Zusammenhang eine stärkere Beschäftigung mit durchaus intendierten »Sinnöffnungen« und semiotischen Uneindeutigkeiten im kommunikativen Handeln. In diesem Sinne wurden auch in methodologischer und methodischer Hinsicht eine stärkere Verankerung abduktiver Verfahren erörtert. *Tilo Grenz* und *Philipp Knopp* (beide St. Pölten) stellten hier als Erweiterung des bereits umfangreichen Repertoire an audio-visuellen Erhebungsverfahren des Kommunikativen Konstruktivismus die Nutzbarmachung von Spieldesign für die empirische Sozialforschung vor, wodurch Multi-Perspektivität forschungspraktisch materialisiert und sichtbarer gemacht werden könne.

Der abschließende Beitrag von *Dirk vom Lehn* (London) über Potenziale und Hindernisse der internationalen Rezeption des Kommunikativen Konstruktivismus nahm die anfänglich von Angelika Poferl und Hubert Knoblauch aufgeworfenen Fragen der Internationalisierung des Kommunikativen Konstruktivismus explizit auf. Dabei wurden sprachliche Hürden adressiert, aber auch erhebliche Unterschiede in den akademischen Wissenskulturen diskutiert. So vor allem die historisch stark am Utilitarismus und Pragmatismus orientierte angelsächsische Wissenschaftstradition, wodurch bewusstseinsphilosophisch geprägte Strömungen im deutschsprachigen Raum als Theorielast bewertet würden. Angesichts einer insbesondere im angelsächsischen Raum fest etablierten Ethnomethodologie und konversationsanalytischen Forschung (EMCA) wurde der Vorschlag eines Andockens an den Interaktionismus diskutiert. Diesem Vorschlag wurde jedoch kritisch entgegengehalten, dass es bei der Internationalisierung weniger um eine Angleichung oder Anpassung an bestehende angelsächsische Forschungs- und Theorierichtungen gehen sollte. Sprachliche Unterschiede sollten nicht allein als Manko und Übersetzungshürde begriffen werden, sondern vielmehr sollten die Besonderheiten und der neuartige Beitrag bisher deutscher Begriffe und Konzepte auch für ein internationales Publikum erhalten bleiben.

Die Tagung hat deutlich gemacht, dass der Kommunikative Konstruktivismus nicht nur innerhalb der neuen Wissenssoziologie eine wesentliche Theorierichtungen darstellt, sondern auch für benachbarte Disziplinen zunehmend Potenziale offenbart (hier sei auch auf den zentralen theoretischen Beitrag des Kommunikativen Konstruktivismus im Sonderforschungsbereich 1265 »Re-Figuration von Räumen« hingewiesen). Zugleich bestehen gegenwärtig wie zukünftig »Übersetzungsarbeit« und offene Fragen bezüglich der Aufstellung als eigener sozialtheoretischer Beitrag im internationalen Kontext. Die Tagung schloss daher mit dem klaren Motto: »Ten years after – ten years ahead!«.

Lynn Sibert und David Joshua Schröder

In memoriam Hans Albert
(8. Februar 1921 – 24. Oktober 2023)

Am 24. Oktober 2023 ist Hans Albert im Alter von bald hundert und drei Jahren – wie mir mitgeteilt wurde: sanft – entschlafen.

Mit Hans Albert verliert die DGS eines ihrer langjährigen Mitglieder, dessen internationaler Ruf sich über die Soziologie hinaus erstreckt und sich vor allem auf sein wissenschaftstheoretisches Lebenswerk stützt, das das geistig-akademische Klima der Bundesrepublik ebenso nachhaltig beeinflusste wie das seiner zweiten Heimat Österreich. Alle, die die Freude hatten, ihn kennen zu lernen, werden seine lebensbejahende Toleranz und seine Geduld ebenso vermissen wie die unverstellte Nachdrücklichkeit beziehungsweise die klar geschliffenen Formulierungen, mit denen er seine Auffassung bei zahlreichen Gelegenheiten und zumal in Auseinandersetzung mit andersgesinnten Meinungen vertreten hat. Und seine Mitarbeiter und Schüler dürfen sich an seine unermüdliche Hilfsbereitschaft und Unterstützung erinnern, die er ihnen auch dann hat angedeihen lassen, wenn er nicht allen ihrer Gedankenausflügen folgen mochte.

Hans Albert wurde 1921 als jüngster Sohn in eine in Köln ansässige protestantische Studienratsfamilie hineingeboren, durchlebte als Jugendlicher die garstigen Zeiten des Nationalsozialismus, gegen deren Fernfolgen er sein Leben lang ankämpfte, und hat als Offizier am zweiten Weltkrieg teilgenommen, obgleich ihm rasch deutlich geworden war, dass seine mangelnde Neigung, Autorität auszuüben, keine vorzeigbaren Erfolge würden erwarten lassen. Nach dem Krieg bewarb er sich für ein Studium an der Universität seiner Heimatstadt, dessen Schwerpunkt sich mehrmals verschob, promovierte und habilitierte ebendort unter allerlei Schwierigkeiten, die Albert seiner Neigung zuschreibt, sich nicht in seinen Gedankenführungen hineinreden lassen zu wollen, und rückte 1963 in eine Professur für »Soziologie und Wissenschaftslehre« an der damaligen Wirtschaftshochschule Mannheim ein. Er zog mit seiner in Österreich gebürtigen Frau Gretel, die er in den 50er Jahren kennen gelernt hatte, ins nahe gelegene Heidelberg, wo die drei Söhne aufwuchsen und wo beide für lange Jahre einen beliebten sonntäglichen Salon führten. Zu Beginn der 50er Jahre gewann Albert Kontakt zu den Veranstaltungen des (hernach so genannten) »Europäischen Forums«, das der Innsbrucker Privatdozent und spätere Philosophieprofessor Simon Moser und Otto Molden, der sich für die Idee eines vereinten Europas einsetzte, seit dem Ende der vierziger Jahre und mit großer intellektueller

Reichweite in dem Nordtiroler Bergdorf Alpbach organisierten. Dort versammelten sich – neben der österreichischen Politikprominenz – führende Intellektuelle, Künstler, Wissenschaftler und Philosophen, um das zu pflegen, was sich Soziologen gerne als einen »herrschaftsfreien Diskurs« ausmalen. In den 70er Jahren sah sich Hans Albert – wie immer gegen seine Einsicht, allenfalls und wie er sich selbst einschätzte, als ein »Organisationsidiot« agieren zu können – in die Rolle des wissenschaftlichen Leiters des Forums gedrängt, die es ihm aber erlaubte, die internationale Elite der liberalen Wissenschafts- und Politikphilosophie einzuladen und mit der Aufgabe zu betrauen, Vorlesungen, Seminare und Diskussionsrunden abzuhalten.

Alberts Lebenswerk wurde durch mehrere Ehrenpromotionen, Akademiemitgliedschaften und unzählige Vortragseinladungen honoriert, er sah sich infolge seiner wachsenden Bekanntheit aber nicht dazu bewogen, seinen akademischen Alpbach-Heidelberg-Mannheimschen Wirkungskreis zu verlassen und wurde 1989 emeritiert.

Seinen geistigen Werdegang hat er im Rückblick als wunderlich und mit deutlicher Distanz betrachtet. Denn er konnte seine anfängliche Begeisterung für Oswald Spengler, dessen Kulturpessimismus ihn vor dem Jugend- und Heilsoptimismus der NS-Ideologie bewahrte, sein Liebäugeln mit der Heideggerschen Existanzialphilosophie, seinen Versuch, dem Dinglerschen dezisionistischen Konstruktivismus etwas abzugewinnen oder sein kurzzeitiges Engagement für den Empirismus des Wiener Kreises erst überwinden, als er Karl Popper kennen lernte, dessen Kritischen Rationalismus er in der Folge nachhaltig verteidigte und seit den 60er Jahren in Deutschland gewissermaßen »einführte« und popularisierte. Seine in diesem Zusammenhang gewonnenen Einsichten fanden ihren Ausdruck in dem in verschiedene Sprachen übersetzten und in mehreren Auflagen verbreiteten »Traktat über kritische Vernunft«, der 1968 zum ersten Mal erschien. Das Buch gilt mittlerweile als »Klassiker« und stellt die Grundlagen des von Albert vertretenen Kritizismus zusammen, auf denen seine nachfolgenden (zahlreichen) Veröffentlichungen, oftmaligen öffentlichen Stellungnahmen, umfangreichen Korrespondenzen und mehrfachen Herausgeberschaften standen.

Die hierdurch zum Ausdruck kommende Albertsche Version des kritischen Rationalismus, der sich in verschiedenen Punkten auch gegen Poppersche Ansichten wendet, betont die übergreifende (methodische wie epistemische) Einheit aller menschlichen Praxisformen, und verpflichtet diese zum einen auf einen konsequenten Fallibilismus des menschlichen Vernunftvermögens, geht zum weiteren und infolgedessen davon aus, dass sich jede Praxis einem methodologischen Revisionismus verschreiben muss, der zum dritten Test- und Prüfungsregeln zu entwerfen und anzuwenden hat, die darauf gerichtet sind, wahre und realitätsgerechte Theorien zu entwickeln. Diese Position hat mehrere gewichtige Implikationen. Zum einen liegt die Gewinnung sicheren Wissens – entgegen einem auch heute noch wirksamen Leitmotiv der abendländischen Erkenntnisphilosophie – nicht im Bereich des menschlich Möglichen; die Begründungsidee, derzufolge wir unsere Behauptungen und Annahmen darüber, was die Welt im Innersten zusammenhält, (abschließend) rechtfertigen müssen, ist unhaltbar. Indem der kritische Rationalismus die begrenzte Problemlösungsfähigkeit des Menschen in den Vordergrund rückt, ohne dabei die »Einheit der Vernunft« aufs Spiel zu setzen, verlieren Thesen an Überzeugungskraft, die unterschiedlichen Praxisbereichen einen epistemischen und methodischen Sonderstatus zugestehen möchten. Werturteilsfreie Analyseformen, die die ideologische Vermischung von Sachdarstellungen und Entscheidungen vermeiden, sind in allen Themenfeldern möglich. Sie verbieten es nicht – wie Albert in zahlreichen Stellungnahmen dokumentierte –, ethische, theologische, sozial- oder verfassungspolitische oder juristische Fragen vernunftgeleitet oder rational anhand der hierbei unterlegten Voraussetzungen und hypothetisch erwartbaren Folgen der jeweils erforderlichen Entscheidungen zu diskutieren. Die These, dass dies möglich sei, ohne eine »normative Wissenschaft« zu konsultieren, hat Albert bereits zu Beginn seiner akademischen Karriere verteidigt. In dieser Frage übernimmt Albert den Standpunkt seines großen Vorbilds Max Weber, freilich ohne dessen Wertedezisionismus zu akzeptieren. Die kritizistischen Postulate gelten aber auch für die Wissenschaftslehre beziehungsweise die Erkenntnistheorie selbst, die sich nicht einbilden sollten, auf einwandsgeschützte Verfahren der Wissensgewinnung und -sicherung zurückgreifen zu sollen. Vor diesem Hintergrund hat Albert den (epistemologischen wie methodologischen) Transzendentalismus, Historismus, Hegelianismus, Pragmatismus, Instrumentalismus, Konventionalismus, Anarchismus und Apriorismus und andere zu unzulässigen Selbstverteidigungen neigende Wissenstheorien zeitlebens und folgerichtig als dogmatisch und erkenntnishinderlich abgelehnt; stattdessen argumentiert er zugunsten eines erkenntnistheoretischen Naturalismus, der sich dem im Grundsatz falliblen Urteil genau der Wissenschaften zu unterwerfen hat, deren Darstellungs- und Erklärungsleistungen er methodologisch plausibel macht. Dass man in Anerkennung dieser Voraussetzungen darauf verzichten müsse, eine

Ethik praktischer Nächstenliebe und Hilfsbereitschaft zu empfehlen, hat Hans Albert Zeit seines Lebens nicht eingesehen.

Auf die sozialwissenschaftliche und sozialphilosophische Szene der bundesrepublikanischen Nachkriegszeit wirkte Hans Albert in mehrfacher, wenn auch letztlich unentschiedener Hinsicht ein. Zum einen werden die Auseinandersetzungen in Erinnerung bleiben, die Hans Albert mit öffentlichkeitswichtigen Vertretern der beiden bundesrepublikanischen Hauptreligionen eröffnet und durchgestanden hat, deren Versuche, die Leistungen vernünftigen Denkens im Dienste theologischer Mystizismen und einer religiös eingefärbten Moralität zu beschränken, er als unhaltbar zurückweist. Unvergessen wird aber auch seine Beteiligung am sogenannten »Positivismusstreit« der Endsechziger Jahre sein und hierbei seine Aburteilung des Habermaschen Hegelianismus und der von diesem Autor zeitweilig popularisierten Lehre von den praxisdifferenzierenden Erkenntnisinteressen, mit deren Hilfe Habermas die »Abspaltung von Sein und Sollen« zu verhindern wünschte. Dass der kritische Rationalismus demgegenüber eine realistische Erkenntnislehre vertritt und die Suche nach wahren Theorien nicht zum »Unding« erklärt, hat Albert zudem in »Konfrontationen« mit jenen (zumal in der deutschen Soziologie weit verbreiteten) Auffassungen »verstrickt«, die sich weder einem epistemischen Realismus anschließen möchten noch sich an der wahrheitsorientierten Korrektur unseres theoretischen und empirischen Wissens interessiert zeigen. Zu den Widersachern, die er zu diesem Zweck unermüdlich attackierte, gehört dabei die – wie er sie nannte – »korrupte Hermeneutik«, die glaubt, bei ihrem Versuch, eine Methodologie des Verstehens zu entwickeln, auf wahrheitsfähige Erklärungen verzichten zu können, ebenso wie der unhaltbare Glaube, theoretisches Wissen könne nur in Form technisch-pragmatischer Handlungsanweisungen Bedeutung gewinnen und sei für die Ausbildung des »Bedürfnisses nach theoretischer Weltorientierung« irrelevant. Gleichkritische Anmerkungen musste sich aber auch der meta-theoretische Konstruktivismus gefallen lassen oder die verbreitete, vor allem über den Wittgensteinianismus für die Soziologie relevant gewordene Neigung, theoriegeleitete Forschungen durch Begriffs- und Bedeutungsanalysen zu ersetzen; so haben die wissenssoziologische Idee, wonach der Konsens einer geschulten Wissenschaftlergemeinde eine Wahrheitsgarantie für die dort im Umlauf befindlichen Auffassungen darstelle, oder die Auffassung, dass die Analyse der Alltagssprache eine theoriedienliche Form annehmen könne, Alberts Zustimmen nicht gefunden. Demgegenüber hat er durchgehend dafür plädiert, dass sich die Sozialwissenschaften für gesetzesbasierte Erklärungen des von ihnen untersuchten Geschehens zu erwärmen hätten und dass sie zu diesem Zweck auf (empirisch prüfbare) psychologische Handlungstheorien und Situationsbeschreibungen nicht verzichten sollten, die die institutionellen Gegebenheiten des Handelns berücksichtigen können müssen. Poppers antipsychologistische Situationslogik, die auch in Soziologenkreisen ihre Anhänger gefunden hatte und die auf die Erklärungsleistungen formal-analytischer Rationalitätsannahmen zurückgreifen wollte, hat er deshalb nicht geschätzt, wenngleich er Poppers methodologischen Individualismus zur meta-theoretischen Rahmung eines haltbaren theoriegeleiteten sozialwissenschaftlichen Forschungsprogramms jederzeit unterstützte. Dass er sich damit in Gegensatz zu einem Gutteil jener soziologischen Theoretiker*innen stellte, die dem systemischen, funktionalistischen, strukturalistischen, relationistischen oder anderweitig holistischen – in jedem Fall anti-individualistischen – Denken Vertrauen schenken wollen, war ihm bewusst; indessen hat er diesen Denkrichtungen alleine deshalb seine Zustimmung vorenthalten, weil er von einer die individualistischen Freiheitsrechte garantierenden politischen Philosophie nicht abzurücken gedachte, die er – wie jede andere Lebenspraxis auch – auf genau den methodologischen Kanon verpflichtet sah, den sein kritischer Rationalismus zu verteidigen beabsichtigte. Zumal die empirische Sozialforschung indessen, für welche die Prüfbarkeit empirischer Hypothesen zu den Selbstverständlichkeiten wissenschaftlichen Vorgehens zählt, und die an mikrofundierenden beziehungsweise mechanistischen Erklärungen orientierten Forschungsprogramme, aber auch die Institutionenökonomik beziehungsweise Teile jener Denker*innen, die sich im Umfeld von Max Webers Handlungstheorie bewegen wollten, ihr Interesse daran, ihre Arbeit den von Hans Albert explizierten Leitlinien folgen zu lassen, immer wieder angemeldet haben.

Von nachhaltiger Bedeutung für das Selbstverständnis der deutschen Soziologie ist zudem Alberts Eintreten für eine soziologisch gewendete Ökonomik. Hierhinter steht seine Überzeugung, dass es keinen Sinn macht, wenn sich Ökonomen auf unrealistische Verhaltensannahmen verlassen, vor allem, um den schwankenden Erklärungsleistungen ihrer vielfach modellplatonistisch gegen Erfahrungskritik immunisierten Gleichgewichtsmodelle mehr Beachtung zu verschaffen, als sie es verdienen. Um dieser Fehlallokation theoretischer Anstrengung Einhalt zu gebieten, hat Hans Albert für eine Soziologisierung der ökonomischen Theorie- und Modellbildung in einem

Umfang plädiert, der seine ökonomisch interessierten Zeitgenossen für lange Zeit verwirrt hat; erst in jüngerer Zeit finden seine Überlegungen wenigstens bei einigen, ganz verschiedenen Disziplinen zugehörigen Sozialwissenschaftlern Gehör, die Alberts Vorhaben teilen, den – wie es scheinen will – übermächtigen Einfluss der sogenannten »neo-klassischen« Ökonomik und deren erfahrungsferner Modellierungstechnik zumindest zurückzudrängen.

Einige der Implikation dieses Programms haben Soziologen wie Soziologinnen indessen regelmäßig überfordert; so fanden sein Plädoyer zugunsten einer Überwindung der disziplinären Grenzen und sein Wunsch, die forschungsprägenden Anstrengungen unterschiedlicher sozialwissenschaftlicher Lager zusammenzulegen, wenn überhaupt, nur zögerliche Zustimmung; zwei sich ergänzende Auffassungen stehen dem entgegen. Zum einen lieben Soziologen die Idee, dass die Sozialwissenschaften im allgemeinen und die Soziologie im Besonderen – in einem an Thomas Kuhnsche Ideen angelehnten, vom Albert indessen nicht geteilten Sinne – multiparadigmatisch verfahren, weshalb sie dem Bestreben nichts abgewinnen können, die »Einheit der Gesellschaftswissenschaften« sicherzustellen, für die sich Albert als Mitkurator einer verdienstvollen und langjährigen Veröffentlichungsreihe einsetzte. Mehr noch: Da sich aufrechte Soziologinnen durch eine derartige Programmatik in einen Zwangsverbund mit der Ökonomik gestellt sehen, die sie in der Regel verachten und unter Ideologieverdacht zu stellen neigen, vermuten sie hinter Alberts Vereinheitlichungsvorschlägen einen für sie unakzeptablen »ökonomischen Imperialismus« beziehungsweise eine der Befreiung der Menschheit im Weg stehenden »Kolonialisierung der20- menschlichen Lebenswelt«. Dass Albert die utopischen Beiklänge der mit dieser Auffassung verbundenen Hoffnungen nicht teilte, versteht sich von selbst.

Aufs Ganze gesehen fällt – wie es scheinen kann – die soziologieinterne Wirkungsbilanz von Hans Albert – auch aus Sicht seiner Anhänger – gemischt aus. Tatsächlich hat er seinen »Kritischen Rationalismus«, was dessen Stellung innerhalb der deutschen Philosophie angeht, ohne erkennbare Illusion als eine »Randerscheinung« charakterisiert und er zögerte auch nicht zuzugestehen, im Wettbewerb um die öffentliche Aufmerksamkeit gegenüber der Frankfurter Schule den Kürzeren gezogen zu haben. Demgegenüber würde ich gerne festgehalten wissen, dass Alberts unermüdlicher Einsatz für ein realistisches »Programm der Erklärung auf theoretischer Basis« und für eine hierfür dienliche »revisionistische Methodologie« auch einige seiner anfänglichen Gegner überzeugt hat und vor allem jene immer wieder ermuntern wird, die sich nicht davon abbringen lassen, »Theorie und Realität« in ein wahrheitsrelevantes Verhältnis zu setzen, zu dessen Klärung sie auf die Beihilfe nicht-realistischer wie dogmatischer Wissenschaftsauffassungen ebenso zu verzichten bereit sind wie auf die Ratschläge »politischer Theologien« und freiheitsgefährdender »normativer Dogmatismen«.

Wir sollten deshalb nicht zögern, den Albertschen kritischen Rationalismus, der ein derart ausgerichtetes Selbstverständnis fördert, als einen Beitrag zur Bewahrung unserer aufklärerischen Tradition und – wie einer seiner Biographen zurecht anmerkte – zum Verständnis des europäischen Sonderwegs in Richtung einer »offenen Gesellschaft« zu verstehen, und diese Einordnung seiner intellektuellen Lebensleistung zum Anlass zu nehmen, uns in Hans Albert dankbar eines herausragenden Denkers zu erinnern, dessen geistiges Erbe wir nicht ohne Not ausschlagen sollten.

Michael Schmid

In memoriam Rainer Schützeichel
(3. Oktober 1958 – 25. Oktober 2023)

Rainer Schützeichel ist im Oktober 2023 plötzlich verstorben. Seine nicht mehr geschriebenen Artikel und nicht durchgeführten Untersuchungen werden eine große Lücke im soziologischen Wissen hinterlassen.

Rainer Schützeichel hat sich in einem engen Sinne des *caring for* um Soziologie gekümmert. So erinnerte er in einer einführenden Publikation 2015 an die verloren geglaubte Teildisziplin der Historischen Soziologie und konnte 2022 die Gründung des Arbeitskreises Historische Soziologie in der Sektion Kultursoziologie im Rahmen einer großen Tagung mitfeiern. Auch war ihm an einer sorgfältigen Relektüre tradierter Autor:innen der Soziologie gelegen, allen voran Georg Simmel. Bei seiner Mitwirkung am Simmel-Handbuch von 2018 wandte er sich den beiden Begriffen »Neid« und »Gier« zu, für Soziolog:innen eine eher ungewöhnliche Hinwendung zu diesen negativ besetzten Gefühlen. Rainer Schützeichels Interesse galt allerdings für den deutschsprachigen Raum schon früh einer Soziologisierung von Emotionen und Affekten. An der Etablierung einer Emotionssoziologie in Deutschland war er neben zahlreichen wegweisenden Publikationen auch theoriepolitisch geschickt mit den Hauptwerken der Emotionssoziologie beteiligt (2013 zusammen mit Konstanze Senge herausgegeben). Rainer Schützeichel hat die Mühe, zentrale Begriffe anderer Disziplinen für soziologische Forschung zugänglich zu machen, immer wieder auf sich genommen. Besonders eindrucksvoll sind hier sicherlich seine theoriebildenden Arbeiten der letzten Jahre zu »Demütigung«.

Neben dieser vielfältigen soziologischen Forschungsarbeit hat Rainer Schützeichel bis 2022 geschäftsführend die Zeitschrift für Soziologie mit herausgegeben und so ungezählte Artikel – sowie ihre Autor:innen – auf dem oft beschwerlichen Weg der *peer reviewed* Publikation begleitet. Auch wenn er sich sehr deutlich gegen das Vermessen im Sinne von Rankings und Indizes gewandt hat (2019 in einer Publikation zur Entwicklung der Zeitschrift), gehört die ZfS doch zu einem der wichtigsten Publikationsorgane der Soziologie in Deutschland.

Wir danken Rainer Schützeichel und nehmen in Trauer Abschied.

Diana Lengersdorf

In memoriam Hans-Joachim Klein
(4. April 1938 – 11. September 2023)

Nach längerer schwerer Krankheit verstarb am 11. September des vergangenen Jahres in Karlsruhe-Durlach Prof. Dr. Hans-Joachim Klein. Er war ein Quereinsteiger in die Soziologie (von denen es in den 1960er Jahren, der größten Expansionsphase des Faches, nicht wenige gab). Klein, am 4. April 1938 in Leipzig geboren, studierte Maschinenbau, Volkswirtschaftslehre und Soziologie an der TH Karlsruhe.[1] Karlsruhe bot für ein derartiges interdisziplinäres Studium alle Voraussetzungen.

In den 1960er Jahren waren die Technischen Hochschulen bemüht, sich durch Fächer der Geistes- und Sozialwissenschaften zu ergänzen. So wurde auch in Karlsruhe 1962 das Institut für Soziologie gegründet, dessen Leiter von 1962 bis 1981 Professor Hans Linde (1913–1993) war. Linde, der mit Arbeiten zur Bevölkerungssoziologie und zur Soziologie der Sachgesetzlichkeiten hervorgetreten war, förderte die Karriere Kleins. Von 1965 bis zu seiner Pensionierung im Jahr 2003 war Klein in wechselnden Positionen Mitglied dieses Instituts. Dessen thematische Schwerpunkte fanden ihren Niederschlag in zahlreichen empirischen Untersuchungen auf dem Gebiet der Stadt- und Wohnungssoziologie. Der Promotion im Jahr 1970 lag eine empirische Untersuchung über das Stadtzentrum von Karlsruhe in der Vorstellung von Stadtbewohnern zu Grunde. 1980 wurde ihm die Lehrbefugnis für das Fach Soziologie erteilt.

Erste Arbeiten zur Museums-Besucherforschung gehen bis in das Jahr 1970 zurück, als Klein in Köln die Besucherstrukturen der Ausstellung »Herbst des Mittelalters« untersuchte. Von seinen zahlreichen Arbeiten auf diesem damals neuen Forschungsgebiet sind zwei Werke hervorzuheben: die zusammen mit Monika Bachmeyer verfasste Schrift »Öffentlichkeit und Museum« (1981)[2] und »Der gläserne Besucher« (1990)[3]. Für das in der Bundesrepublik neue Arbeitsgebiet erhielt Klein Anregungen vom amerikani-

---

1 ab 1967 Universität/TH; jetzt KIT, Karlsruhe Institute of Technology.

2 Hans-Joachim Klein / Monika Bachmeyer, unter Mitarbeit von Helga Schatz: Museum und Öffentlichkeit. Fakten und Daten – Motive und Barrieren. Berliner Schriften zur Museumskunde, Band 2, hrsg. vom Institut für Museumskunde, Berlin. Staatliche Museen Preußischer Kulturbesitz. Berlin 1981: Gebr. Mann Verlag.

3 Hans-Joachim Klein: Der gläserne Besucher. Publikumsstrukturen einer Museumslandschaft, unter Mitarbeit von Anneliese Almasan. Berliner Schriften zur Museumskunde, Band 8. Berlin 1990: Staatliche Museen Preußischer Kulturbesitz.

schen Pionier dieser Forschungsrichtung, Professor Ross J. Loomis aus Arizona. Das führte zu wechselseitigen Besuchen und gemeinsamen Arbeiten, die in den USA veröffentlicht wurden.

Die empirischen Untersuchungen zum »Gläsernen Besucher« erfolgten an 33 Museen des Landschaftsverbandes Westfalen-Lippe (mit Sitz in Münster) und ergänzenden Vergleichs-Stichproben an vier Museen in Berlin. Mehrere Museen im westfälischen Ruhrgebiet, vor allem Technikmuseen, kamen in die Auswahl, da auch hier der Landschaftsverband zuständig ist. Insgesamt wurden über 50 Tausend Besucher befragt. Ziel der in diesem Umfang einmaligen Studie war es, Aufschlüsse über die Varianz von Besucherstrukturen nach verschiedenen sozialen und ökonomischen Ausprägungen, aber auch über Besuchsmodalitäten zu erhalten, zum Beispiel ob überwiegend Einzelbesucher oder Gruppen die Museen aufsuchen und an welchen Wochentagen.

Hauptvariablen für Aussagen über die Museumsbesucher waren Geschlecht, Alter, Beruf, Bildung und der Museumstyp, der aufgesucht wurde, ob Regional- und Heimatmuseen, Kulturgeschichtliche Museen, Kunstmuseen, Naturkundemuseen, Freilichtmuseen, Technik- und andere Spezialmuseen (zum Beispiel für Brauerei).

Vor allem die Altersstruktur hatte bei der Museumsleitung großes Interesse gefunden (Klein 1990: 144). Nach den Ergebnissen der Untersuchung stellten die 20-30jährigen mit 25 Prozent die größte Gruppe unter den Museumsbesuchern, gefolgt von den 30-40jährigen mit 21 Prozent. Die Besucherstruktur nach Beschäftigungsbereichen variiert stark mit dem Museumstyp. Den höchsten Anteil an Besuchern aus dem industriellen Arbeitsbereich haben mit 47 Prozent die Technikmuseen. Auch in den Freilichtmuseen übertreffen sie mit 40 Prozent Anteil die anderen Beschäftigungsgruppen: Angestellte und Beamte, Selbstständige und mithelfende Familienangehörige, Teilzeitbeschäftigte und Auszubildende. Wie erwartbar, haben die Kunstmuseen die Besucher mit den höchsten Bildungsabschlüssen, also mit Abitur beziehungsweise Studium; das gilt sowohl für Einzelbesucher als auch für Gruppen (Klein 1990: 185).

Dieser wohl größten Untersuchung über den »gläsern« gemachten Museumsbesucher folgten weitere. So beauftragten das Haus der Geschichte in Bonn, das Deutsche Museum in München, die Albertina und das Kunsthistorische Museum in Wien Klein mit empirischen Untersuchungen. Seine Aktivitäten führten dazu, dass er in mehrere Museumsbeiräte und in das Kuratorium des Deutschen Museums in München berufen wurde.

Im Rückblick erscheint es konsequent, dass Hans-Joachim Klein zu den Initiatoren für den »Oberrheinischen Museums-Pass« (so der ursprüngliche Name) gehörte. Dieser 1998 eingeführte Pass kann auf eine erstaunliche Erfolgsgeschichte zurückblicken. Er ist weit verbreitet, ganz im Sinne von Klein, der seine Museums-Besucher-Forschung mit dem Impetus unternahm, mehr Menschen aus allen Bildungs- und Sozialschichten in die Museen zu bringen. Waren anfänglich nur einige Museen zwischen Basel, Straßburg und Mannheim beteiligt, so sind es gegenwärtig bereits 345, darunter die meisten Museen in der Schweiz, in Baden, im Elsass und Lothringen und der Franche-Comté (mit der Hauptstadt Besançon).

Als Leiter des Instituts für Soziologie in der Nachfolge von Hans Linde erlebte ich im täglichen Umgang, dass Hans-Joachim Klein vielen Studierenden die Möglichkeit gab, sich an Untersuchungen über Struktur und Bedeutung kultureller Institutionen zu beteiligen und zu qualifizieren. Nicht wenigen Absolventen hat er auf diesem Weg zum beruflichen Erfolg verholfen.

Bernhard Schäfers

In memoriam Heiko Waller
(20. Januar 1943 – 25. Oktober 2023)

Am 25. Oktober 2023 starb der Sozialmediziner und Soziologe Prof. Dr. med. Dr. phil. Heiko Waller plötzlich und unerwartet zu Hause in Berlin. 1971 schloss Heiko Waller sein Studium der Medizin in Hamburg mit dem Staatsexamen ab. Er wurde der erste vom Psychiater Klaus Dörner betreute Doktorand und 1973 mit der Schrift »Der Arbeiterpatient in der Psychiatrischen und Nervenklinik Hamburg. Ein Beitrag zur Sozialpsychiatrie« zum Dr. med. promoviert. Unmittelbar darauf wirkte er von 1974 bis 1978 als wissenschaftlicher Assistent im Institut für Medizinische Soziologie des Universitätsklinikums Hamburg-Eppendorf. Es zeugt von seiner Ernsthaftigkeit, dass er gleichwohl ein volles weiteres Studium der Soziologie und Sozialpädagogik und eine Promotion zum Dr. phil. für nötig hielt. Betreut von der Professorin für Soziologie und späteren Kriminologin Lieselotte Pongratz, promovierte er 1978 in Hamburg mit einer Schrift zur Erklärung und Prävention von Zwangseinweisungen zum Dr. phil. in Soziologie. Das Engagement für psychiatrische Patienten beschäftigte ihn bis zu seinem Tod im einundachtzigsten Lebensjahr.

Während seines Studiums der Soziologie und Sozialpädagogik in Hamburg hatte er mit Alf Trojan – empfohlen vom Medizin-Soziologen Manfred Pflanz in Hannover – ein Studienjahr in London mit dem M.Sc. in Medizin-Soziologie 1976 abgeschossen. Kurz nach seiner soziologischen Dissertation 1978 wurde Heiko Waller als Soziologe und Mediziner zum Professor für Sozialmedizin an der Fachhochschule Nordostniedersachsen (seit 2007 Leuphana Universität) in Lüneburg berufen. Bis zu seiner Pensionierung 2008 wirkte er dort, von 1985 bis 1987 auch als Prorektor und von 1987 bis 1989 als Rektor. Unmittelbar nach der Pensionierung zog er 2008 mit seiner Frau Barbara Waller-Döhner nach Berlin, wo ihre Tochter Lisa ihnen zwei Enkel schenkte, ebenso wie ihre Tochter Marie in Duisburg. Kaum in Berlin angekommen, wurde Heiko Waller 2009 ein von der Deutschen Arbeitsgemeinschaft Selbsthilfegruppen benannter Patientenvertreter in Gremien des Gemeinsamen Bundesausschusses, wo er vor allem in Sub-Gremien für die Qualitätssicherung der Behandlung psychiatrischer Patienten tätig war.

Heiko Waller setzte sich sowohl als *Institutionengründer und Organisator*, als auch als *internationaler Vernetzer* und als *Autor* soziologischer, medizinischer und gesundheitswissenschaftlicher, Generationen prägender Lehrbücher für

Themen ein, die erst zur Zeit seines eigenen Studiums ins öffentliche Interesse auch der Studierenden zurückgekehrt waren: Soziale Benachteiligung und Gesundheit, Prävention und Gesundheitsförderung, Sozialpsychiatrie, Sozialarbeit im Gesundheitswesen. Zur intensiven Zeit der Lehrlings-, Schüler- und Studentenbewegung, 1967 – 1970 war Heiko Waller 26 bis 29 Jahre alt und bereitete sich auf sein medizinisches Staatsexamen vor. Als einer der ersten mit akademischem Abschluss in diesen Bewegungen wurde er zum Pionier und sah sich großen Erwartungen beim Marsch durch die Institutionen gegenüber.

Waller gründete und organisierte das Zentrum für Angewandte Gesundheitswissenschaften in Lüneburg und war von 1992 bis 2004 12 Jahre lang dessen erster Geschäftsführender Leiter. Von 1986 bis 1996 führte Waller wissenschaftlich die von der Bundeszentrale für gesundheitliche Aufklärung veranstalteten Internationalen Fortbildungslehrgänge zur Gesundheitsförderung durch. Auch in Fachgesellschaften engagierte er sich stark: Waller war von 1988 bis 2000 im Vorstand der Deutschen Gesellschaft für Sozialmedizin und Prävention und von 1995 bis 2008 Präsident der Sektion Health Promotion der *European Public Health Association*. Des Weiteren übte er ehrenamtliche Tätigkeiten für seine Arbeitsschwerpunkte auf lokaler, regionaler und überregionaler Ebene aus.

International konnte er bis 2007 durch Hochschulkooperationen mit Universitäten in England, Frankreich, Ungarn und Italien sowie durch seine Forschungsaufenthalte in London, Paris, Berkeley, Wien und Rom maßgeblich zur Vernetzung der gesundheitsbezogenen Sozialarbeit, Soziologie und Gesundheitswissenschaft beitragen. Als Gutachter gesundheitswissenschaftlicher Forschungsanträge wirkte er unter anderem für das EU-Programm »Community Action on Health Promotion, Information, Education and Training«, für die Österreichische Forschungsförderungsgesellschaft und die Finnische Akademie. Er war Mitglied im nationalen Beirat zum World Congress on Medicine and Health auf der EXPO 2000 und im wissenschaftlichen Beirat des *Italian Journal of Public Health*.

Als praxisorientierter Autor trat Heiko Waller (mit Ko-Herausgeber Alf Trojan) schon 1980 mit einem Sammelband hervor. Das Buch hieß »Gemeindebezogene Gesundheitssicherung« und versammelte zahlreiche Beiträge über neue Versorgungsmodelle, die in Deutschland noch weithin unbekannt waren. Dazu gehörte auch ein Beitrag, der die Bedeutung von Selbsthilfezusammenschlüssen hervorhob. Denn wie Pflege in erster Linie

Selbstpflege der selbstbestimmt am sozialen Leben der Gemeinde teilhaben-
den Personen ist, so ist die Gesundheitspflege in erster Linie Sache der Personen, die sich im Sozialraum Gemeinde die Sicherung ihrer eigenen Gesundheit selbstbestimmt erkämpfen. Professionen und Institutionen assis-
tieren ihnen dabei lediglich als entscheidende Infrastrukturen. Auch der ärzt-
liche Beruf ist ein »Assistenzberuf«. Daher vermeidet der noch heute selten
gebrauchte Begriff der »Gesundheitssicherung« die zu schnellen Subsump-
tionen unter spezialisierte Institutionen und Systeme – ohne die große Ab-
hängigkeit der ihre Gesundheit sichernden Personen von ihrer Umwelt zu
leugnen. Auch Wallers weitere Buchpublikationen beeinflussten Studierende
und Praktiker: »Sozialpsychiatrische Praxis« (1980, mit Alf Trojan), »Zwangs-
einweisung in der Psychiatrie« (1982), »Sozialarbeit im Gesundheitswesen«
(1982), »Sozialmedizin in der Sozialarbeit« (2000) und »Gesundheitsbezogene
Sozialarbeit« (2005, beide mit Karlheinz Ortmann), »Lehrbuch Sozialmedizin«
(1985 ff., 7. und 8. Auflage mit Gerhard Trabert) sowie das »Lehrbuch Gesundheitswissenschaft« (1995 ff., 6. Auflage mit Beate Blättner). Wenn heute
nicht Wenige die Sozialarbeit zu den Gesundheitsberufen zählen, geht das
zum guten Teil auf die Pionierleistungen von Waller als *Institutionengründer,
Organisator, Vernetzer* und *Autor* zurück.

Aus seinen vielen Jahren als Patientenvertreter im Gemeinsamen Bun-
desauschuss hielt Heiko Waller 2023 eine Errungenschaft für seinen größten
Erfolg: Der G-BA hatte sich dafür ausgesprochen, ›Genesungsbegleiter:in-
nen‹ in der Psychiatrie anzuerkennen und angemessen zu vergüten. Gene-
sungsbegleiter:innen sind Personen, die früher Patient:innen der Psychiatrie
waren und nun mit ihren Erfahrungen, ihrem Verständnis und ihrem Vor-
bild andere Klienten der Psychiatrie dabei unterstützen, ihre Krisen zu be-
wältigen und in eine selbst-, also nicht fremdbestimmte Teilhabe am sozialen
Leben zu integrieren. Aus demselben Impuls erschienen Heiko Waller Recovery-Colleges als präventive Angebote sinnvoll und notwendig: Ohne dass
Personen dafür den Status von Patient:innen der Psychiatrie eingehen
müssen, befähigen sie sich in Recovery-Colleges gemeinsam zu einem Leben
in Wohlergehen und selbstbestimmter Teilhabe auch bei seelischen Erschüt-
terungen. Damit schloss sich der Kreis des Wirkens für die Sozialpsychiatrische Versorgung, den Heiko Waller 1972 mit seinen Promotionen und der
Gründung eines sozialpsychiatrischen Patientenclubs im Hamburger Stadt-
teil Wandsbek begonnen hatte.

Wir werden ihm ein ehrendes Angedenken bewahren!

Johann Behrens und Alf Trojan

In memoriam Heinz Hartmann
(12. Februar 1930 – 7. September 2023)

Am 7. September 2023 verstarb Heinz Hartmann im Kreise seiner Familie in Münster. Mit ihm ging ein bedeutender Vertreter der deutschen Nachkriegssoziologie, der für eine Reihe von wichtigen Interpretationen des Faches dauerhaft in Erinnerung bleiben wird.

Heinz Hartmann kam aus einem Arbeiterelternhaus in Köln und er hatte in den 1950er Jahren nach einem Beginn an der Universität zu Köln den Weg zum Studium in die USA gefunden, wo er in Chicago und Princeton studierte und auch seinen PhD erwarb. Seine erste Stelle war jedoch, heute völlig vergessen, die einer studentischen Hilfskraft bei René König in Köln. Schon in den späten 50er Jahren publizierte er beispielsweise im *Administrative Science Quarterly* (ASQ), das noch heute weltweit zu den Spitzenzeitschriften in Management- und Organization-Studies zählt. Seine Doktorarbeit erschien unter dem Titel »Authority and Organization in German Management« in der Princeton University Press. Dieser Werdegang und die akademische Sozialisation in der nordamerikanischen Diskussion der 50er und 60er Jahre prägten Heinz Hartmanns Leben und Wirken nachhaltig.

Heinz Hartmann ging nach seiner Rückkehr nach Deutschland zunächst an die Sozialforschungsstelle Dortmund und wurde bei diesen Schritten wohlwollend von Helmut Schelsky gefördert. Später konzentrierte er sich dann auf seinen Lehrstuhl für Soziologie an der Universität Münster, der er bis zu seiner Emeritierung im Jahre 1995 treu blieb.

Im Gepäck seiner Studien in den USA brachte Heinz Hartmann Kenntnisse der Organisations- und Managementforschung mit, die zu der damaligen Zeit in Deutschland wenig bekannt waren, während hierzulande eine ausgeprägte Industrie- und Betriebssoziologie vorherrschte, die Jahrzehnte lang den Diskurs dominierte, ohne dass sie in der englischsprachigen Soziologie ein entsprechendes Pendant gehabt hat.

Heinz Hartmann konnte eine moderne Spielart von Soziologie etablieren, die dem Credo der »Nationalökonomie als Soziologie« (Hans Albert, KZfSS 1960) zu entsprechen schien. Jedenfalls war es Hartmann beschieden, einen vergleichsweise gut ausgestatteten Lehrstuhl für Soziologie in der Fakultät für Wirtschafts- und Sozialwissenschaften zu übernehmen und lange zu erhalten. In dieser Fakultät befand er sich mit den Vertretern von VWL, BWL und Wirtschaftsgeschichte in einem curricular gemeinsamen Konzert, während die »sonstige« Soziologie der Universität Münster an die neue Universität Bielefeld auswanderte oder teilweise in einer anderen Fakultät in Münster neu eingerichtet wurde. Dort lebte die Soziologie dann in einem geisteswissenschaftlichen Fachbereich unter anderen Auspizien parallel und getrennt von der in der WiSo-Fakultät. In dieser Fakultät fand aber von Seiten Hartmanns eine Art »aktive Professionalisierung« der Soziologie statt, die eigentlich das Motto der neu gegründeten Fakultät für Soziologie der Universität Bielefeld war. »Aktive Professionalisierung« meinte in den 70er Jahren, dass Soziologie als Fach sich auch um die praktische Anwendung ihres Wissens und – im Bereich der Sozialwissenschaften – um die aktive Ausgestaltung eines interdisziplinären Austausches zu kümmern habe.

Es war für Heinz Hartmann augenscheinlich nicht schwer gewesen, den Verlockungen der Ende der 60er Jahre neu entstandenen Bielefelder Konkurrenz zu widerstehen und die Soziologie in der Wirtschaftsfakultät mit seiner ihm eigentümlichen Mischung aus allgemeiner Soziologie und Anwendungen auf Wirtschafts- und Organisationssoziologie, Personal- und Arbeitsmarktforschung und Industrial Relations, Forschungen über das Unternehmertum (inklusive einem Buch über Unternehmerinnen), Professionalisierung und Wissenschaftstheorie zu begründen und fortzuführen. Die Münsteraner Fakultät drückte Soziologie im Laufe der Jahre jedoch immer mehr an den Rand und wurde zu einer reinen Wirtschaftsfakultät.

Der von ihm herausgegebene Band »Moderne amerikanische Soziologie« (1967, erweitert in einer 2. Auflage 1973) fungierte über einen langen Zeitraum als konkurrenzloser deutscher Wegweiser für die namhaften Soziologieansätze und deren Autoren in den USA, die in der zweiten Hälfte des 20. Jahrhunderts in vielen Ländern das Fach zunehmend prägten. Erst in der neueren Zeit, in der deutsche Kolleginnen und Kollegen wie selbstverständlich auch englischsprachige Literatur rezipieren und in englischer Sprache publizieren, ist die Aneignung angloamerikanischer Theorie und Praxis ein selbstverständlicher Teil des Faches geworden, während in den 50er und 60er Jahren die akademische Welt doch sehr viel mehr national disparat war. Heinz Hartmann war hier früh eine der positiven Ausnahmen.

Bis heute nachhaltig gültig ist seine in der bereits erwähnten Dissertation vertretene Auffassung, im Gegensatz zu seinem Mentor Frederick H. Harbison, dass gesellschaftliche Verschiedenheiten Organisation, Management und Unternehmertum trotz Internationalisierung der Wirtschaft dauerhaft prägen. Diese Auffassung ist fundamental für die international vergleichende Organisationsforschung geworden, sowohl in der Soziologie als auch in der BWL. Sie führte Hartmann unter anderem zu Gastaufenthalten nicht nur in englischsprechenden Ländern, sondern auch beizeiten an damals so ungewöhnliche Orte wie Berlin-Karlshorst und Moskau.

Im Laufe der Jahrzehnte seiner Tätigkeit in Münster inspirierte Heinz Hartmann eine sehr große Zahl von jungen Wissenschaftlern als Studenten und Doktorandinnen, als Assistentinnen und als Kollegen und Kolleginnen. Die Liste der bekannten soziologischen Namen, die es später auf Professuren schafften, ist beträchtlich. Heinz Hartmann hatte stets ein sehr waches Auge für Talente, von wo auch immer, und stellte sie ein. Unter anderem lotste er Ulrich Beck als damaligen C3-Professor zusammen mit Elisabeth Beck-Gernsheim nach Münster. Die *Soziale Welt*, eine der etablierten soziologischen Fachzeitschriften, deren Alleinherausgeber er zwölf Jahre gewesen war, wurde von da an gemeinsam mit Ulrich Beck geleitet und später nach Ulrich Becks Fortgang nach Bamberg diesem ganz übergeben.

Auch die *Soziologische Revue*, eine reine Rezensionszeitschrift, und die *Management Revue* wurden von ihm mitbegründet und mehrere Jahre federführend im Team herausgegeben. In dem Zusammenhang begann Hartmann, sich für »Kritik in der Wissenschaftspraxis« zu interessieren, so der Titel eines Buches zusammen mit Eva Dübbers, in dem er die Praxis der Rezensionstätigkeit reflektierte. Zusammengefasst lautete der Befund, dass Soziologinnen Kritik grundsätzlich begrüßen, allerdings weniger schätzen, wenn sie selber kritisiert werden.

Hinzu kam, dass Heinz Hartmann auf der Ebene der DFG vielseitig aktiv war, und zwar nicht nur in der Kreation von verschiedenen Sonderforschungsbereichen (in der Industrie- und Betriebssoziologie, in der Frauenforschung sowie zu Anwendungsbezügen der Soziologie), sondern auch als langjähriger Fachgutachter, woraus ein beträchtlicher Einfluss auf die soziologische Praxis entstand.

Heinz Hartmann hat ein erfülltes und anerkanntes Berufsleben gehabt, das in gewisser Weise in seiner Art eines US-amerikanischen »Re-Imports« sehr spezifisch war, aber auch andere Schwerpunkte entwickelte als zum Beispiel René König und Erwin K. Scheuch in Köln, wo die Soziologien anderer Länder ebenfalls das Programm prägten. In der Art des Institutsmanagements war er stets fordernd und fördernd. So gab Heinz Hartmann jungen Mitarbeitern schnell Chancen. Dies geschah vor allem in einer Art, die in Handbüchern als »Führung durch Zielvereinbarung« angesprochen wird. Mitarbeiter waren gut beraten, ein Ziel zu haben, selbstständig danach zu streben und sichtbare Ergebnisse zu erzielen. Er hatte nicht die Gewohnheit, wie sonst früher oft in Deutschland anzutreffen, andere für sich schreiben zu lassen.

Bis zu seinem Ableben mit knapp 93 Jahren war Heinz Hartmann geistig rege und stets an neuen Entwicklungen und Diskussionen interessiert. Mit ihm verließ uns ein Beispiel an passionierter, interdisziplinärer und internationaler Soziologie, wie es in den heutigen Jahren fragmentierten Wirkens und Forschens zunehmend selten anzutreffen ist.

Dieter Bögenhold und Arndt Sorge

Habilitationen

Dr. Endre Dányi hat sich 12. Juni 2023 an der Goethe-Universität in Frankfurt am Main habilitiert. Die Habilitationsschrift trägt den Titel »Melancholy Democracy: Politics beyond Hope and Dispair«. Die venia legendi lautet Soziologie.

Call for Papers

Modell Deutschland – Lost in Transformation? Wirtschafts- und Arbeitsmarktpolitik für eine nachhaltige Arbeitsgesellschaft

Young Scholars Workshop der Deutschen Vereinigung für sozialwissenschaftliche Arbeitsmarktforschung (SAMF) e.V. am 12. Juni 2024 in Bamberg

Die SAMF-Tagung 2024 findet am 13. und 14. Juni 2024 in Bamberg statt. Im Vorfeld dieser Tagung wird nachmittags am 12. Juni 2024 ein Young Scholars Workshop stattfinden. Dieser Workshop soll Doktorand:innen und Habilitand:innen ein Forum zur Vorstellung und Diskussion ihrer Qualifikationsprojekte im Kontext des Tagungsthemas »Modell Deutschland – Lost in Transformation?« bieten. Eingeladen sind Nachwuchswissenschaftler:innen, deren Arbeit Bezüge zu den Themen der SAMF-Jahrestagung aufweisen. Was wir bieten und was wir erwarten:

Wir bieten Ihnen die Gelegenheit, Ihre Arbeit in einem kleinen Kreis von Nachwuchswissenschaftler:innen und erfahrenen Arbeitsmarktforscher:innen vorzustellen und zu diskutieren. Es ist Raum für eine kollegiale Diskussion vorgesehen. Die geplante Dauer der Präsentation und Diskussion hängen von der Anzahl der akzeptierten Beiträge ab; wir streben 45 Minuten für Präsentation und Diskussion an.

Sie erhalten außerdem die Möglichkeit, Ihre Arbeit in einer Poster-Session im Rahmen der anschließenden Jahrestagung mit allen interessierten Tagungsteilnehmer:innen zu diskutieren. Die Kosten für die Fahrt, den Aufenthalt und die Teilnahme an der Tagung werden aus Mitteln des SAMF übernommen. Für die Dauer Ihrer Promotion beziehungsweise Habilitation können Sie auch in den Folgejahren am Young Scholar Workshop und der SAMF-Jahrestagung kostenfrei teilnehmen.

Bitte bewerben Sie sich mit einem Abstract von 1 bis 2 Seiten (ca. 500 Worte). Skizzieren Sie Fragestellung, Untersuchungsgegenstand und Methode Ihres Vorhabens. Sofern möglich, geben Sie einen Ausblick auf Ihre Ergebnisse. Bitte nennen Sie Ihre:n Betreuer:in und geben an, ob Sie am Anfang, in der Mitte oder am Ende Ihrer Arbeit stehen. Sofern Ihr Vorhaben ausgewählt wird und Sie von uns eingeladen werden, können Sie uns gern vorab Ihr vollständiges Exposé und / oder einen spezifischen Ausschnitt Ihrer Arbeit schicken, den Sie vorstellen werden.

Senden Sie Ihre Bewerbung (abstract) bis zum **29. Februar 2024** an Prof. Dr. Martin Brussig. Wir teilen Ihnen bis zum 31. März 2024 mit, ob Ihr Beitrag ausgewählt wurde. Gutachter:innen aus dem Vorstand des SAMF sind Prof. Dr. Silke Bothfeld (Bremen), Prof. Dr. Martin Brussig (Duisburg), Prof. Dr. Matthias Dütsch (Bamberg), Prof. Dr. Bettina Kohlrausch; Prof. Dr. Sabine Pfeiffer (Erlangen-Nürnberg), Prof. Dr. Olaf Struck (Bamberg) und Prof. Dr. Aysel Yollu-Tok (Berlin).

Kontakt:

Dr. Martin Brussig
E-Mail: martin.brussig@uni-due.de

Guiding Distinctions. Observed with Social Systems Theory

Call for Papers for a Luhmann Conference at the Inter-University Centre, Dubrovnik, Croatia, September 10 to 13, 2024.

The concept of »guiding distinctions« refers to distinctions – such as economy/society, bourgeoisie/proletariat, nature/culture, system/environment, structure/agency, theory of society/social technology, or, most recently, analogue/digital – that have instructed theory-building, framed research, sparked controversies, or dominated discourses in the social sciences and humanities.

Whereas the classics in these fields primarily seemed to offer singular and dichotomic categorizations, subsequent generations of scholars have started to recognise the interrelated nature of these categories, along with their usefulness as generative tools rather than passive descriptors. The concept of intersectionality, for instance, was designed to explore how race, class, and gender converge to produce and sustain complex social observations.

Grounded in seminal work by Spencer Brown, von Foerster, and Maturana and Varela, for social systems theory in the tradition of Niklas Luhmann distinction is the mode of operation of all organic, psychic, and social systems, including his own theory: »a system is the difference between system and environment«, Luhmann says. In his words, this »paradoxy of observing systems« is further complicated by the circumstance that systems need to draw distinctions not only to maintain themselves, but also to observe other systems.

A subsystem of society as the compassing social system, science is defined and demarcated by the distinction between truth and untruth. Science, including social science and the humanities, employs countless theories and methods to apply this distinction to all other distinctions that make up life in its organic, psychic, and social environments.

Whereas social systems theory does not claim a monopoly on truth, its claim is nonetheless universal insofar as there is no domain this theory cannot be applied to. The theory is, therefore, sufficiently self-confident to accept the challenge to not only identify, but also parallel process the most relevant guiding distinctions of the social sciences and humanities.

A systems-theoretical focus on these guiding distinctions is, first, of general relevance as a mode of sceptical reflection on past, present, and future trends in our fields. Second, such a focus is required to meet the challenges of the ongoing digital transformation of society and the academic disciplines charged with illuminating the latter.

ICT and the increasing availability of digital data are dramatically changing the processes of research and knowledge production in social science and the humanities. While the pace, scale, and scope of methodological innovation in digital humanities and the computational social sciences are impressive, theory development is much less dynamic in our fields. This mismatch is problematic as digital methods do not only provide ever- larger datasets for the testing of established theories, but also allow and even call for new forms of digital theorising. New forms of theorising might even imply the translation of analogue guiding distinctions into digital ones.

Against this backdrop, contributions to the Luhmann Conference 2024 might discuss what have been the most influential guiding distinctions in the history of theorising in the social sciences and humanities. Contributions might also identify distinctions that appear particularly influential today, or venture into explorations of emerging or yet unknown guiding distinctions that might influence the future of our fields. We would also be keen to read submissions devoted to the historical context, the evolution, or trends of one or several guiding distinctions. A focus on interplays or interactions of guiding distinction would also be intriguing, as would be one on the opportunities and challenges of their integration into universalist theory architectures based on binary distinctions. Yet other contributions might discuss the performance or functionality of selected guiding distinction(s) for specific other systems or for society as a whole. Most welcome are furthermore papers that discuss whether extant guiding distinctions are still useful in a digital transformation context, as are contributions that defend selected (sets of) guiding distinctions regardless of their compatibility with digital theorising in the social sciences and humanities.

This list of suggested topics is non-exclusive as long contributions are within the scope of the deliberately broad theme and the necessarily selective spirit of the conference.

Abstracts of 500 to 1.000 words should reach the corresponding conference convenors by **15 June 2024** at the latest. Full papers should be circulated prior to the conference. The Next Society Institute at Kazimieras Simonavicius University in Vilnius is pleased to sponsor an award of 500 € for the best paper submitted to the Luhmann Conference 2024. You can find more details on the website luhmannconference.com. Please send your proposal to

Lars Clausen
E-Mail: lacl@ucl.dk and

Kresimir Zazar
E-Mail: kzazar@ffzg.hr

Tagungen

Schreiben – Forschen – Publizieren.
Textproduktion in der qualitativen Sozialforschung

Frühjahrstagung der Sektion Methoden der qualitativen Sozialforschung
am 14. und 15. März 2024 am Kulturwissenschaftlichen Institut Essen

> Was macht die Soziolog:in?
> Antwort: Sie schreibt.
> (frei nach C. Geertz)

Schreiben ist ein elementarer Bestandteil qualitativer Forschung. In allen Phasen des Forschungsprozesses sind Schreibpraktiken präsent: Zwischen »Feld« und »Schreibtisch« werden Notizen und Protokolle angefertigt, Memos und Fallexzerpte erstellt und die Erkenntnisse in eine schriftliche Form gebracht, die sie für die (Fach-)Öffentlichkeit verfügbar machen soll. Damit manifestiert sich im Schreiben ein Ineinandergreifen von Theorie und Empirie, von Analyse und Erhebung. Doch obwohl die Produktion von Texten in der qualitativen Sozialforschung solchermaßen relevant ist, wurde das Schreiben – selbst nach der Writing-Culture- Debatte in der Ethnographie und ihrer internationalen Rezeption – kaum zum Gegenstand einer umfänglichen empirisch fundierten Reflexion. Dies gilt nicht nur für die Ethnographie, sondern auch für andere Ansätze der qualitativen Sozialforschung.

Dabei gibt es immer wieder Gelegenheiten für größere Debatten rund um (qualitative) Textproduktionen, beispielsweise Herausgebermonita zur Abwesenheit qualitativer Beiträge in der Zeitschrift für Soziologie. Zu denken wäre auch an die jüngere Debatte um Gütekriterien der qualitativen Sozialforschung und den Vorschlag, die »textuelle Performanz« qualitativer Publikationen als eigenes Gütekriterium zu behandeln. Trotzdem bleibt die Auseinandersetzung um das Schreiben in der qualitativen Forschung bislang eher im Hintergrund. Das Potenzial dieses Themas ist somit bei weitem noch nicht ausgeschöpft.

Angesichts der skizzierten Gemengelage wollen wir die Produktionsbedingungen, Publikationsformate, Traditionen und Didaktiken des Schreibens in der qualitativen Sozialforschung zum Gegenstand der nächsten Frühjahrstagung machen. Die Tagung zielt damit auf eine Kartierung der Textproduktion in der qualitativen Sozialforschung, die alle ihre Traditionen und Ansätze miteinschließen soll. Die Beiträge sollendie Schreibprozesse und -praktiken gleichermaßen theoretisch wie empirisch fundiert in den Blick nehmen und die (strukturellen, kulturellen, epistemologischen, methodologischen oder didaktischen) Bedingungen qualitativer Textproduktion erhellen. Im Fokus sollen insbesondere drei Themenbereiche stehen:

Publikationsbedingungen und Publikationsformate
Am spürbarsten sind Schreibende mit externen Rahmenbedingungen konfrontiert, wenn das bisherige »private Schreiben« etwa von Memos in ein »Schreiben für die Veröffentlichung« übergeht. Denn mit der Wahl eines bestimmten Publikationsorts (beispielsweise einem allgemein-soziologischen Journal) werden auch dessen Abläufe und Konventionen für die Schreibenden relevant. Ab jetzt gilt es Manuskriptrichtlinien, Hinweise von wohlwollenden Kolleg:innen oder auch Kommentare von Reviewer:innen in der Textproduktion zu berücksichtigen. Erschwerend kommt hinzu, dass – um in der heutigen akademischen Kultur mit ihrem Gebot des »publish or perish« zu bestehen – Forschende nicht umhinkommen, Publikationsorte strategisch auszuwählen. Analog lässt sich über die Publikation von Monographien nachdenken, die beispielsweise als Qualifikationsschriften entstanden sind und nun den Überarbeitungsauflagen der Betreuenden, den Erwartungen von Verlagen und den Interessen eines mehr oder minder unbekannten Fachpublikums gleichermaßen genügen sollen. In beiden Fällen lässt sich untersuchen, wie sich das Schreiben je nach Genre gestaltet und welche Praktiken, Konventionen und Infrastrukturen (Stichwort Digitalisierung) hierbei eine Rolle spielen.

Schreibtraditionen
Das Schreiben steht immer auch in Wechselwirkung zu den jeweiligen qualitativen Methoden und Methodologien. Schreibende sind schließlich auch durch ihre spezifische epistemologische und methodologische Feldsozialisation geprägt. Grounded Theorists etwa lernen das Schreiben als stete schreibdenkende Begleitung im komparativ ausgelegten Forschungsprozess

kennen, in dem am Ende die fallübergreifende Theorie(weiter)entwicklung steht. Biographieanalytiker:innen und Objektive Hermeneut:innen hingegen werden weniger zu fallübergreifenden, sondern einzelfallrekonstruktiven Darstellungsformen mit anschließender Typenbildung angeleitet. Aufschlussreich wäre hier, das bislang wenig reflektierte Verhältnis von Denk- und Schreibschulen zu erhellen: Welche Bedeutung hat das Schreiben in den verschiedenen qualitativen Traditionen, welche Schreibpraktiken lassen sich beobachten und was bedeutet dies für die wissenschaftliche Erkenntnisproduktion und das Denken selbst? Es wird gefragt, welche soziokulturellen Unterschiede (zum Beispiel nach Generation) neben methodologischen Prägungen einen Unterschied für das Schreiben machen und inwiefern sich Schreiben in der qualitativen Forschung vom Schreiben in anderen Feldern (zum Beispiel Journalismus oder Literatur) unterscheidet. Auch Vergleiche zum Schreiben in der quantitativen oder theoretischen Soziologie sind interessant, ebenso wie historische und ländervergleichende Ansätze. Zu klären ist zudem, welche Leistungen im Forschungsprozess mit einer (Co-) Autor:innenschaft belohnt werden und welche allenfalls in Danksagungen sichtbar gemacht werden.

Schreibdidaktik

In der deutschsprachigen qualitativen Forschung werden Methoden des Schreibens als kaum vermittelbar und gelungene Texte eher als Ausdruck individuellen Talents dargestellt. Dem entgegenstehen schreibdidaktische Ansätze aus dem angloamerikanischen Raum, die das akademische Schreiben de-mystifizieren und erlernbar machen sollen. Diese werden etwa seit der Jahrtausendwende auch im deutschsprachigen Raum aufgegriffen. Wie jedoch speziell qualitatives Schreiben, das sich vermeintlich nicht an standardisierten Darstellungsskripts orientieren kann, gelehrt und gelernt werden kann, ist aber weithin ungeklärt. Offen ist beispielsweise, welche Arbeiten im Schreibprozess expliziert und erlernbar gemacht werden können – vom Entwerfen von Ideen über das Schreiben von Kodes und Memos ebenso wie von Sätzen, Absätzen und Kapiteln bis hin zur umfassenderen Textgliederung und -gestaltung und dem Umgang mit Zitaten und an- deren Texten im Zitieren. Es geht daher um Beiträge, die an konkreten Beispielen zeigen, wie Schreiben in die qualitative Methodenlehre eingebunden werden kann. Diskutiert werden können dabei auch KI-generierte Texte und Plagiate als aktuelle Herausforderungen und Themen (qualitativer) Schreibdidaktiken.

Die Frühjahrstagung der Sektion Methoden der qualitativen Sozialforschung wird stellvertretend für das DFG-Netzwerk Textuelle Performanz in der qualitativen Sozialforschung von Oliver Berli (Ludwigsburg), Judith Eckert (Duisburg-Essen), Hannes Krämer (Duisburg-Essen), Björn Krey (Mainz) und Vivien Sommer (Berlin) organisiert.

Kontakt:

textproduktion@uni-mainz.de

Neues vom Tode. Aktuelle thanatologische Forschung im interdisziplinären Dialog

Jahrestagung des Arbeitskreises »Thanatologie« der Sektion Wissenssoziologie am 21. und 22. März 2024 an der Eberhard-Karls-Universität Tübingen

Als massenmediales Thema ist das Lebensende ein häufiger Bestandteil der alltäglichen Informationsflut: Gestorben wird im Krieg, im Krankenhaus, im dienstlichen Einsatz, im hohen Alter, zu früh, nach langer oder kurzer schwerer Krankheit, durch eigene oder fremde Hand usw. usf. Demgegenüber sind subjektive Begegnungen mit Todesfällen gnädig selten, wenn man nicht gerade in professionellen Kontexten dem Lebensende ›von Berufs wegen‹ begegnet oder das Unglück erleidet, in einem Krisenherd, einem ›failed state‹ und in anderen gefährlichen Umgebungen zu leben.

Der thematisierte Tod ist folglich für viele Menschen ein Abstraktum – während zeitgleich nur für wenige der abstrakte Einzelfall einen lebensweltlichen Einschnitt erzeugt. Notwendigerweise ist auch die wissenschaftliche Auseinandersetzung mit Sterben, Tod und Trauer abstrakt, da sie nicht lediglich von denjenigen betrieben wird, die aktuell von einem Verlustfall betroffen oder gar mit der Möglichkeit des eigenen Lebensendes konfrontiert sind. Ob sich aus der Distanz heraus ›adäquater‹ über die sozialen Effekte des Todes diskutieren lässt, ist jedoch strittig. Wie Eva Illouz in ihrem therapiekritischen Buch über die Errettung der modernen Seele unterstreicht, sind emotionale Anteilnahme und rationale Analyse entgegen anders lautender Gerüchte keineswegs Antagonismen. Und überhaupt stellt sich bei empirischer Forschung zum Lebensende die (auch methodologisch relevante) Frage, wie sehr Forscher:innen sich auf die Situationsdefinitionen interviewter Trauernder einlassen, wie sehr sie gefühlsmäßig auf den Besuch in einem

Hospiz oder auf die Analyse von Videomaterial zu Tötungsgewalt und dgl. reagieren dürfen, vielleicht sogar müssen, um die implizierten gesellschaftlichen Konsequenzen der entsprechenden Fallkonstellationen jenseits bloß quantifizierender Betrachtungen nachvollziehen zu können. In der Konfrontation mit Sterbe- und mit Todesfällen evoziert, wie Thanatolog:innen wissen, der Tod selbst dann, wenn er ein Leben beendet hat, für diejenigen, die sich damit analytisch befassen, Neuigkeiten – und zwar sowohl über den Fall wie auch über sich selbst. Da es sich hierbei um einen Effekt handeln dürfte, der viele Disziplinen betrifft und insbesondere in Soziologie, Psychologie, Erziehungs- und Rechtswissenschaft, (Kunst-)Geschichte und verwandten Feldern auffindbar ist, bietet es sich an, die Jahrestagung des Arbeitskreises Thanatologie explizit einer interdisziplinären Auslotung des Nachdenkens und Recherchierens über den Tod zu widmen. Die Veranstaltung findet in Präsenz statt und wird gegebenenfalls gestreamt. Reise- und Unterbringungskosten können leider nicht übernehmen werden. Eine Veröffentlichung der Beiträge im Jahrbuch für Tod und Gesellschaft ist vorgesehen.

Kontakt:

Matthias Meitzler
E-Mail: matthias.meitzler@izew.uni-tuebingen.de

Thorsten Benkel
E-Mail: thorsten.benkel@uni-passau.de

Ekkehard Coenen
E-Mail: ekkehard.coenen@uni-weimar.de und

Miriam Sitter
E-Mail: m.sitter@t-kleineblume.de

Expertise in digitaler Transformation

Tagung der Forschungsgruppe »Reorganisation von Wissenspraktiken« am Weizenbaum-Institut in Kooperation mit der Sektion Wissenschafts- und Technikforschung am 23. bis 24. Mai 2024 in Berlin

Was ist Expertise? Wer hat sie? Und woher kommt sie? Diese Fragen sind nicht neu, aber haben im Zuge der digitalen Transformation eine neue Dringlichkeit bekommen. Denn die Digitalisierung spielt eine zunehmend größere Rolle in der Produktion von Wissen und der Erzeugung von Expertise. Hierbei geht es längst nicht mehr allein um eine Automatisierung von bereits standardisierten und koordinierten Handlungsabläufen. Vielmehr finden sich immer mehr Anwendungen, durch die Informationen produziert werden, die unmittelbar in wissenschaftlichen Erkenntnis- und sozialen Entscheidungsprozessen genutzt werden.

Aktuelle Diskussionen, unter anderem um generative KI wie ChatGPT, verweisen auf ein Spannungsfeld, das hier entstanden ist: Wo endet die Unterstützung der Generierung von Wissen durch digitale Anwendungen und wo beginnen sie, soziale Praktiken der Wissensproduktion und damit menschliche Expertise zentral zu beeinflussen beziehungsweise sogar zu ersetzen? Deutlich wird hieran einerseits, dass eine Vielzahl neuer Möglichkeiten entstanden ist, KI zur Generierung von Expertise einzusetzen. Andererseits werden sowohl die Qualität und Validität des auf diese Weise produzierten Wissens auch oftmals in Frage gestellt.

In der Forschung werden diese Entwicklungen bereits in vielfältiger Weise aufgegriffen: Diskutiert wird, wie in der Nutzung solcher Technologien die Qualität von menschlicher versus technisch erzeugte Expertise verhandelt wird. Welche Zuverlässigkeit, Vertrauenswürdigkeit und »Objektivität« werden digitalen Anwendungen im Vergleich zu menschlichen Kenntnissen, Bewertungen und Erfahrungen entgegengebracht? Zudem stehen die Konsequenzen digitaler Datenverarbeitung und -aufbereitung im Mittelpunkt. Gefragt wird danach, wie hierdurch gesellschaftlich geteiltes Wissen und die damit einhergehende Wahrnehmung bestimmter gesellschaftlicher Bereiche beeinflusst werden – wie beispielsweise die Rezeption von Musik durch Streaming-Dienste, die Organisation und Kontrolle von Arbeitsprozessen in Unternehmen und auch die Bewertung wissenschaftlicher Leistung. Auch wird die Frage danach gestellt, wie sich Expertise selbst im Hinblick auf die Kenntnisse verändert, die nötig sind, um diese

Technologien überhaupt anwenden zu können bzw. welche Expertise dadurch möglicherweise gleichzeitig auch verloren gehen kann. Verbunden wird dies mit Untersuchungen dazu, welche teils gravierenden Probleme daraus resultieren können, wenn entsprechende Expertise fehlt, wie es beispielsweise der Einsatz digitaler Anwendungen zur Bestimmung der Vermittelbarkeit auf dem Arbeitsmarkt zeigt. Daraus leitet sich nicht zuletzt auch die Frage nach den Regelungen und Regulierungen ab, wie solche Technologien in Organisationen eingesetzt und dort in Entscheidungsprozesse eingebunden werden können und dürfen. Geht es hierbei um die bestmögliche Expertise oder vielmehr um eine Kosten-Nutzen- Kalkulation, die an ökonomischer Effizienz orientiert ist? Es stellt sich aber auch die Frage danach, wer von den digitalen Möglichkeiten der Wissensproduktion profitiert. Sind es eher die Hoch- oder die Geringqualifizierten? Und wie wirken sich diese Veränderungen in der Wissensarbeit auf Fragen der sozialen Ungleichheit aus?

Untersuchungen dieser und ähnlicher Fragen finden sich derzeit in Bezug auf ganz unterschiedliche gesellschaftliche Bereiche und Gegenstände. Gleichzeitig wird übergreifend versucht, allgemeine Erkenntnisse zu formulieren, die Einblicke in die sozialen, politischen und kulturellen Konsequenzen der digitalen Transformation insgesamt geben können. Ziel der Tagung ist es deshalb, diese Fragen sowohl mit Blick auf unterschiedliche gesellschaftliche Bereiche auszuloten als auch vergleichend zu diskutieren. Welchen Einfluss hat der Einsatz digitaler Anwendungen in wissensbasierten Bereichen der Arbeitswelt von der Industrie bis zur Verwaltung, aber auch in der Justiz oder Wissenschaft? Wie verändern sich durch die digitale Transformation Expertise und auch die Expert:innen selbst? Wie wandeln sich ihre Praktiken der Wissensproduktion und auch das jeweilige Verständnis von Expertise? Und wie beeinflusst das letztlich kollektive Vorstellungen über gesellschaftliche Wirklichkeit?

Organisation:

Anne K. Krüger
E-Mail: anne.krueger@weizenbaum-institut.de und

Ingmar Mundt
E-Mail: ingmar.mundt @weizenbaum-institut.de

Dr. Isabelle Bartram, Albert-Ludwigs-Universität Freiburg, Institut für Soziologie, Rempartstraße 15, D-79085 Freiburg im Breisgau, E-Mail: isabelle.bartram@soziologie.uni-freiburg.de

Prof. Dr. Johann Behrens, Medizinische Fakultät der Universität Halle, Institut für Gesundheits- und Pflegewissenschaften, Ernst-Grube-Straße 40, D-06120 Halle, Email: johann.behrens@medizin.uni-halle.de

Univ.-Prof. Dr. Dieter Bögenhold, Alpen-Adria Universität Klagenfurt, Institut für Soziologie, A-9020 Klagenfurt, E-Mail: dieter@boegenhold.com

Jun.-Prof. Dr. Tobias Boll, Johannes Gutenberg-Universität Mainz, Institut für Soziologie, D-55128 Mainz, E-Mail: boll@uni-mainz.de

Dipl.-Soz. Richard Groß, Technische Universität Dresden. Schaufler Lab@ TU Dresden, D-01062 Dresden. E-Mail: richard.gross@tu-dresden.de

Prof. Dr. Diana Lengersdorf, Universität Bielefeld, Fakultät für Soziologie, Postfach 10 01 31, D-33501 Bielefeld, E-Mail: diana.lengersdorf@uni-bielefeld.de

Prof. Dr. Stefan Müller, Frankfurt University of Applied Sciences, Fachgebiet Bildung und Sozialisation unter Bedingungen sozialer Ungleichheiten, Nibelungenplatz 1, D-60318 Frankfurt am Main, E-Mail: stefan.mueller@fb4.fra-uas.de

Dr. Tino Plümecke, Albert-Ludwigs-Universität Freiburg, Institut für Soziologie, Rempartstraße 15, D-79085 Freiburg im Breisgau, E-Mail: tino.pluemecke@soziologie.uni-freiburg.de

Prof. Dr. em. Jürgen Ritsert, Goethe-Universität Frankfurt am Main, Fachbereich Gesellschaftswissenschaften, Theodor-W.-Adorno-Platz 6, D-60323 Frankfurt am Main, E-Mail: juergen@ritsert-online.de

Prof. Dr. Tobias Röhl, Pädagogische Hochschule Zürich, Zentrum Bildung und Digitaler Wandel, Lagerstr. 2, CH-8090 Zürich, E-Mail: tobias.roehl @phzh.ch

Prof. em. Dr. Bernhard Schäfers, Karlsruher Institut für Technologie, Institut für Soziologie, Medien- und Kulturwissenschaften, Schlossbezirk 12, D-76131 Karlsruhe, E-Mail: schaefers.bernhard@gmx.de

PD Dr. Daniela Schiek, Universität Hamburg, Fakultät für Wirtschafts- und Sozialwissenschaften, Soziologie, Allendeplatz 1, D- 20146 Hamburg, E-Mail: daniela.schiek@uni-hamburg.de

Prof. Dr. Michael Schmid, Augsburg

Dr. David Joshua Schröder, Technische Universität Berlin, Fakultät VI: Planen Bauen Umwelt, Institut für Soziologie, Fraunhoferstraße 33–36, D-10587 Berlin, E-Mail: d.schroeder@tu-berlin.de

Lynn Sibert, Technische Universität Berlin, Fakultät VI: Planen Bauen Umwelt, Institut für Soziologie, Fraunhoferstraße 33–36, D-10587 Berlin, E-Mail: l.sibert@tu-berlin.de

Prof. em. Dr. Arndt Sorge, Wissenschaftszentrum Berlin für Sozialforschung, Reichpietschufer 50, D-10785 Berlin, E-Mail: arndt.sorge@ wzb.eu

Prof. Dr. Dr. Alf Trojan, Universitätsklinikum Hamburg-Eppendorf, Institut für Medizinische Soziologie, Martinistraße 52, D-20246 Hamburg, E-Mail: trojan@uke.de

Dr. Anna Wanka, Goethe-Universität Frankfurt am Main, Graduiertenkolleg Doing Transitions, Theodor-W.-Adorno-Platz 6, D-60323 Frankfurt am Main, E-Mail: wanka@em.uni-frankfurt.de

Dr. Peter Wehling, Goethe-Universität Frankfurt, Institut für Soziologie, Theodor-W.-Adorno-Platz 6, D-60323 Frankfurt am Main, E-Mail: wehling@em.uni-frankfurt.de

Stefan Müller, Jürgen Ritsert
Dialektik jenseits von These, Antithese und Synthese

Auf die Frage:»Was ist Dialektik«? lautet die Standardauskunft:»Die Trias von Thesis, Antithesis und Synthesis.« Sie verkörpert das Prinzip der Dialektik gerade nicht und spielt bei Hegel nicht annähernd die Rolle, die ihm nachgesagt wird! Vielmehr kann das Prinzip der modernen Dialektik der Freiheitsantinomie (3. Antinomie) von Kant entnommen werden. Es weist die logische Grundstruktur der strikten Antinomie aus. Diese ist auch in dem aufgehoben, was Theodor W. Adorno ausdrücklich unter dem Prinzip der Dialektik versteht. Es ermöglicht ihm, Themen der Soziologie genauer zu analysieren, denen ein dualistischer, dichotomischer oder strikt disjunktiver Stil der Darstellung unangemessen ist.

The standard answer to the question »What is dialectic?« is »The triad of thesis, antithesis and synthesis.« However, this response does not embody the principle of dialectic and does not play nearly as strong a role in Hegel's work as is typically assumed. Rather, the principle of modern dialectic derives from Kant's antinomy of freedom (the 3rd antinomy), which typifies the basic logical structure of a strict antinomy. This structure is also exhibited in what Theodor W. Adorno calls the principle of dialectic. It allows him to closely analyse subjects of sociology that go beyond dualistic, dichotomous, or strictly disjunctive perspectives.

Isabelle Bartram, Tino Plümecke, Peter Wehling
Soziogenomik: Ein neuer Versuch, die Soziologie zu biologisieren

Unter Bezeichnungen wie »Soziogenomik« oder »Sozialwissenschafts-Genetik« hat sich in den letzten Jahren eine neue Forschungsperspektive herausgebildet, mit der erneut behauptet wird, die Einbeziehung genetischer Daten und Analysen sei unverzichtbar für die Sozialwissenschaften, um zu exakten Erkenntnissen über die Ursachen sozialer Unterschiede und Ungleichheiten zu gelangen. Gestützt auf neue technowissenschaftliche Möglichkeiten der Genomanalyse und Auswertung riesiger Datenmengen wird beansprucht, eine vererbliche Komponente in nahezu allen menschlichen Eigenschaften und sozialen Merkmalen wie etwa Bildungserfolg, Alkoholkonsum oder Religiosität aufspüren zu können. Gleichzeitig beteuern Vertreter*innen der Soziogenomik, ihre Forschung sei gerade nicht auf Stigmatisierung und Diskriminierung ausgerichtet, sondern ziele auf Gerechtigkeit und Unterstützung für die »genetisch Benachteiligten«. Die Soziogenomik stößt in den Sozialwissenschaften offenbar auf eine gewisse Resonanz; ein Indiz hierfür ist, dass vor Kurzem die Erhebung und Auswertung von Genom-Daten in das Sozio-oekonomische Panel (SOEP) integriert wurde. Unser Beitrag gibt einen kritischen Überblick über die Entstehung der Soziogenomik, ihre konzeptionellen und methodischen Grundlagen sowie ihre problematischen gesellschaftlichen Implikationen und möchte damit einen Anstoß für die notwendige soziologische Auseinandersetzung mit den Hypothesen und Ergebnissen dieser Art von Forschung geben.

In recent years, a new research perspective has emerged under terms such as »sociogenomics« or »social science genetics« which once again claims that the inclusion of genetic data and analyses is essential for social sciences to gain accurate insights into the causes of social differences and inequalities. Based on new techno-scientific developments in the fields of genomics and big data, proponents of sociogenomics purport an ability to detect a hereditary component for almost all human characteristics and social traits, such as educational attainment, alcohol consumption, or religious activity. At the same time, they assert that their research is not aimed at stigmatization and discrimination but aims to promote justice and social support for the »genetically disadvantaged«. Sociogenomics is finding some resonance in the social sciences, which is indicated, for example, by the recent integration of genomic data collection and analysis into the German Socio-Economic Panel (SOEP). Our article provides a critical overview of the emergence of sociogenomics, its conceptual and methodological frameworks, as well as its ambivalences, contradictions, and problematic social implications. We, therefore, aim to initiate a much-needed sociological examination of the hypotheses and outcomes of this kind of research.

Tobias Boll, Tobias Röhl, Daniela Schiek
Re-Orientierungen in der soziologischen Methodenausbildung

Jüngst sind in dieser Zeitschrift zwei Beiträge erschienen, die eine Reform der sozialwissenschaftlichen Methodenausbildung fordern. Wir möchtenHerausforderungen für die Lehre empirischer Sozialforschung aus Sicht der qualitativen Sozialforschung in der Diskussion ergänzen und Bedarfe und Hürden für notwendige Reformen zeigen. Für die qualitative Methodenausbildung stellen sich andere Fragen, in den Beiträgen angesprochene Probleme beziehungsweise deren Ursachen werden vor dem Hintergrund anderer sozialtheoretischer Bezüge und Forschungsansätze anders virulent. Vor allem sehen wir aus Perspektive der qualitativen Sozialforschung deutlich andere Bedarfe für eine professionalisierte und den gesellschaftlichen Entwicklungen wie auch eigenen Forschungserkenntnissen angemessene Methodenausbildung. Angesprochene Herausforderungen sind unter anderem die Grenzen der Formalisierbarkeit qualitativer Methodenlehre oder begrenzte curriculare Spielräume, die durch gegenwärtige Schwerpunktsetzungen der Methodenausbildung bedingt sind. Daneben plädieren wir dafür, auch angesichts gesellschaftlicher Entwicklungen im Bereich digitaler Technologien soziologische Kernkompetenzen, etwa der eigenen, professionellen Generierung qualitativ hochwertiger Daten, weiter zu kultivieren und in der Methodenausbildung zu vermitteln.

Recently, two articles have been published in this journal calling for a reform of social science methods education. We want to contribute to this discussion by addressing challenges for the teaching of qualitative methods in particular and to identify needs and hurdles for necessary reforms. In the case of teaching qualitative methods, different questions arise, and the problems addressed in the two articles mentioned (or their causes) become virulent in a different way when seen against the backdrop of different social theoretical references and research approaches. Above all, from the perspective of qualitative social research, we see clearly different needs for a professionalized methodological training that is appropriate to social developments as well as to our own research findings. Challenges addressed are, among others, limits to the formalization of qualitative methodology, but also limited curricular space, which is due to current emphases in methodology education. In addition, we argue that even in view of social developments in the field of digital technologies, sociological core competencies, such as the professional production of high-quality data, should be further cultivated and taught in methods training.

Richard Groß
Probabilistische Wirklichkeitsmodelle und soziologische Intelligenz

In diesem Beitrag erörtere ich anhand einer Analyse sogenannter Large Language Models sozialtheoretische Aspekte maschinellen Lernens. Insbesondere untersuche ich dabei den Wirklichkeitsbezug algorithmischer Modelle sowie Implikationen ihrer probabilistischen Operationsweise für ihre Sozialität. Auf dieser Basis charakterisiere ich maschinelles Lernen soziologisch als von einer Spannung zwischen seinen Eigenschaften als stochastische Rechentechnik und kausaltechnischen Nutzungsabsichten geprägtes Phänomen. Abschließend biete ich einen Vorschlag zur Charakterisierung der Beziehung von Soziologie und maschinellem Lernen hinsichtlich ihrer Modi der Wirklichkeitsbeobachtung.

In this paper, I explore various aspects of a social theory of machine learning by means of an analysis of so-called Large Language Models. In particular, I investigate how algorithmic models relate to social reality and what their probabilistic mode of operation entails in terms of their sociality. Based on this account, I describe machine learning as a phenomenon characterized by a constitutive tension between its stochastic properties and its use as causal technology. Finally, I offer a characterization of the relationship between sociology and machine learning in terms of their modes of observing reality.

Bitte berücksichtigen Sie bei der Fertigstellung Ihres Manuskriptes folgende Hinweise zur Textgestaltung. Bitte verwenden Sie die neue deutsche Rechtschreibung, verzichten Sie möglichst auf Abkürzungen und formulieren Sie Ihren Beitrag in einer geschlechtergerechten Sprache.

Fußnoten nur für inhaltliche Kommentare, nicht für bibliographische Angaben benutzen.

Literaturhinweise im Text durch Nennung des Autorennamens, des Erscheinungsjahres und ggf. der Seitenzahl in Klammern. Zum Beispiel: (König 1962: 17).

Bei *zwei AutorInnen* beide Namen angeben und durch Komma trennen, bei *drei und mehr AutorInnen* nach dem ersten Namen »et al.« hinzufügen.

Mehrere Titel pro AutorIn und Erscheinungsjahr durch Hinzufügung von a, b, c … kenntlich machen: (König 1962a, 1962b).

Mehrere aufeinander folgende Literaturhinweise durch Semikolon trennen: (König 1962: 64; Berger, Luckmann 1974: 137)

Literaturliste am Schluss des Manuskriptes: Alle zitierten Titel alphabetisch nach Autorennamen und je AutorIn nach Erscheinungsjahr (aufsteigend) geordnet in einem gesonderten Anhang aufführen. Hier bei mehreren AutorInnen alle namentlich, durch Kommata getrennt, nennen. Verlagsort und Verlag angeben.

Bücher: Luhmann, N. 1984: Soziale Systeme. Grundriss einer allgemeinen Theorie. Frankfurt am Main: Suhrkamp.

Zeitschriftenbeiträge: Müller-Benedict, V. 2003: Modellierung in der Soziologie – heutige Fragestellungen und Perspektiven. Soziologie, 32. Jg., Heft 1, 21–36.

Beiträge aus Sammelbänden: Lehn, D. von, Heath, Ch. 2003: Das Museum als Lern- und Erlebnisraum. In J. Allmendinger (Hg.), Entstaatlichung und soziale Sicherheit. Opladen: Leske + Budrich, 902–914.

Im Literaturverwaltungsprogramm **Citavi** können Sie unseren **Zitationsstil** »Soziologie – Forum der Deutschen Gesellschaft für Soziologie« nutzen.

Fügen Sie Ihrem Manuskript bitte eine deutsche und eine englische **Zusammenfassung von maximal je 15 Zeilen**, sowie **Name, Titel und Korrespondenzadresse** bei. Schicken Sie Ihren Text bitte als .doc oder .docx **per e-mail** an die Redaktion der Soziologie.

Für **Sektionsberichte** beachten Sie bitte, dass einzelne Tagungsberichte 7.500 Zeichen (inkl. Leerzeichen) nicht überschreiten sollten. Für Jahresberichte stehen max. 15.000 Zeichen zur Verfügung.

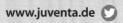